国家自然科学基金项目“考虑末端交付方式和时间窗配置的城市配送收益管理研究”（批准号：71602014）研究成果

重庆工商大学国家级/重庆市一流本科专业建设点物流管理专业建设计划资助

顾客可选末端交付方式和时间窗下城市配送收益管理研究

邱晗光　高　敏　甄　杰　周继祥　著

中国财经出版传媒集团

经济科学出版社

Economic Science Press

图书在版编目（CIP）数据

顾客可选末端交付方式和时间窗下城市配送收益管理研究/邱晗光等著.—北京：经济科学出版社，2021.1

ISBN 978-7-5218-2189-5

Ⅰ.①顾… Ⅱ.①邱… Ⅲ.①城市-物资配送-物流管理-研究-中国 Ⅳ.①F259.22

中国版本图书馆CIP数据核字（2020）第257546号

责任编辑：李 雪 刘 莎
责任校对：杨 海
责任印制：王世伟

顾客可选末端交付方式和时间窗下城市配送收益管理研究

邱晗光 高 敏 甄 杰 周继祥 著

经济科学出版社出版、发行 新华书店经销

社址：北京市海淀区阜成路甲28号 邮编：100142

总编部电话：010-88191217 发行部电话：010-88191522

网址：www.esp.com.cn

电子邮箱：esp@esp.com.cn

天猫网店：经济科学出版社旗舰店

网址：http://jjkxcbs.tmall.com

北京季蜂印刷有限公司印装

710×1000 16开 11.25印张 130000字

2021年1月第1版 2021年1月第1次印刷

ISBN 978-7-5218-2189-5 定价：46.00元

（图书出现印装问题，本社负责调换。电话：010-88191510）

前　言

城市配送是关系广大城乡居民生产生活需求的重大民生工程，是促进消费升级、推动城市化进程的先导性产业。得益于国家政策指引以及电子商务、O2O（offline to online）等行业快速崛起，近年来，我国城市配送发展迅速，业务规模持续扩大，对电子商务的发展、商贸流通的提档升级发挥了重要推动作用。

城市配送的高速发展无法掩盖城市配送面临的种种问题。一方面，我国城市配送服务产品单一，无法满足电子商务、连锁经营、O2O 等行业差异化、个性化、准时化的配送服务需求。作为“供给侧改革”的重要内容之一，创新城市配送的服务产品供给，成为推动消费服务业整体转型提升、经济增长转向消费驱动的重要基础问题。另一方面，城市配送业务量虽然高速增长，但作为城市配送承载主体的快递行业却面临利润率逐年下滑的问题，整个行业的平均利润率已不足5%。如何提高城市配送的盈利水平，为技术更新、规模扩张提供资金来源，成为推动城市配送可持续性发展的重要问题。

面对改善城市配送服务产品供给、提高城市配送盈利水平的双重目标，在航空、酒店、餐饮、云计算等行业广泛应用的收益管理（revenue management，RM），为上述问题的解决提供了新思路。收益管理是通过优化产品或服务的价格和获得性，使有限的供给与变化的需求达到均衡，从而实现收益最大化。城市配送具有最大服务能力短期内基本固定、服务不可存储、需求可以细分且不确定、服务可预售等特征，满足应用收益管理的条件。城市配送可以应用末端交付方式和时间窗的不同服务选项组合，为顾客设计多样化的配送服务产品，实现改善城市配送服务产品供给的目标；城市配送可以根据有限的服务能力供给，基于不同配送服务产品供求关系，制定差别的服务产品定价，达到提高城市配送盈利水平的目的。

基于此，面向我国以收件箱和自提点为主、送货上门为辅的混合末端交付现状，本书着力讨论城市配送收益管理实现机制。首先，在论述收益管理应用于城市配送可行性的基础上，构建了考虑需求集散度的城市配送收益管理模型。其次，讨论了顾客可选末端交付方式和时间窗下城市配送静态和动态容量控制；最后，基于城市配送嵌套Logit选择模型，研究了城市配送服务选项定价问题。上述研究解决了城市配送消费者选择模型、容量控制与路径集成优化、服务选项定价等关键问题，形成了较为系统的城市配送收益管理技术方法和解决方案。

全书共分8章，各章的主要内容如下：

第1章，引言。主要介绍本书的研究背景，引出研究的问题；通过国内外研究现状及发展动态分析，明确研究的目的和意义。

第2章，考虑需求集散度的城市配送收益管理研究。在论述收益管理应用于城市配送可行性的基础上，分析需求集散度对城市配送服务能力和成本的影响，然后构建了考虑需求集散度的城市配送收益管理模型，阐述城市配送收益管理的构成要素，最后对城市收益管理的实现流程进行分析，为收益管理在城市配送中的应用提供参考。

第3章，需求依赖末端交付方式和时间窗的城市配送自提柜选址—路径问题研究。这是从静态角度讨论城市配送容量控制。考虑送货上门和自提柜两种交付方式，基于自提柜选址及配送路径对配送节点末端交付方式和时间窗分配的制约性，以配送数量最大化和配送成本最小化为目标，构建了自提柜选址—时间窗分配—路径规划多目标联合优化问题模型，为不同区域的顾客分配可接受的交付方式和时间窗。

第4章，末端交付方式和时间窗选择相关的城市配送自提柜选址—路径问题研究。这是城市配送静态容量控制研究的延续。使用嵌套Logit选择模型量化顾客对末端交付方式和时间窗的选择相关性，提出了城市配送两层嵌套Logit选择模型；然后使用自提柜选址—时间窗分配—路径规划集成优化模型，分析末端交付方式和时间窗相关性对运营决策的影响。

第5章，可选末端交付方式和时间窗的城市配送动态订单接受优化研究。这是从动态角度讨论城市配送容量控制。顾客可选末端交付方式和时间窗的情境下设计了城市配送动态订单接受决策。为及时决策是否接受顾客配送订单，构建了城市配送动态订单接受决策框架，定义了配送路径预规划、配送需求评估、订单接受策略调整和路径全局优化四个阶段，建立了基于时间窗偏差阈值的配送需求评估方法，设计了全部接受、交付方式静态分配和服务选项动态分配三种订单接受策略调整算法。

第6章，基于辐射半径的城市配送动态订单接受优化研究。这是城市配送动态容量控制研究的延续。为了处理城市配送中顾客定制服务选项为订单接受带来的动态性决策需求，面向顾客可选末端交付方式和时间窗的情景，设计了基于辐射半径的订单接受策略，包括可接受时间窗分配初始化、可接受时间窗动态调整、参照点动态选择及基于时间窗偏差阈值的配送需求评估等；构建了基于规则的硬时间窗动态车辆路径问题求解算法。

第7章，可选末端交付方式和时间窗的城市配送服务选项多目标联合定价研究。为解决末端交付方式和时间窗等可选配送服务选项的联合定价问题，考虑送货上门和自提柜两种交付方式，首先构建了考虑服务选项联合定价的嵌套Logit选择模型，描述了服务选项定价对顾客选择行为的影响；其次考虑配送成本最小化和期望收益最大化，基于混合整数规划建立了城市配送服务选项多目标联合定价模型，着重分析了交付方式尺度因子对末端交付方式和时间窗联合定价的影响。

第8章，结论。

本书的出版得到了经济科学出版社李雪编辑和重庆工商大学管理科学与工程学院的大力支持，在此一并表示感谢。本书在写作过程中参考了大量文献，已尽可能地列在脚注或书后的参考文献中，但其中仍难免有遗漏，这里特向被漏列的作者表示歉意，并向所有的作者表示诚挚的谢意。由于时间仓促及作者水平有限，本书错误之处在所难免，敬望读者批评指正。

作　者

2021年1月

目　　录

第1章　引言 ………………………………………………………… 1

1.1　问题的提出 ………………………………………………… 1

1.2　国内外研究现状及发展动态分析 ………………………… 3

1.3　研究意义 …………………………………………………… 13

第2章　考虑需求集散度的城市配送收益管理研究 ……………… 15

2.1　引言 ………………………………………………………… 15

2.2　城市配送收益管理的可行性 ……………………………… 16

2.3　需求集散度对城市配送收益管理的影响 ………………… 17

2.4　考虑需求集散度的城市配送收益管理模型 ……………… 19

2.5　考虑需求集散度的城市配送收益管理流程 ……………… 24

2.6　小结 ………………………………………………………… 27

第3章　需求依赖末端交付方式和时间窗的城市配送自提柜选址—路径问题研究 ………………………………………… 29

3.1　引言 ………………………………………………………… 29

3.2 国内外研究现状 …… 32
3.3 问题描述 …… 33
3.4 数学模型 …… 35
3.5 算法设计 …… 40
3.6 仿真分析 …… 44
3.7 小结 …… 55

第4章 末端交付方式和时间窗选择相关的城市配送自提柜选址—路径问题研究 …… 56

4.1 引言 …… 56
4.2 问题描述 …… 58
4.3 考虑末端交付和时间窗的嵌套 Logit 选择模型 …… 58
4.4 城市配送自提柜选址—路径问题模型 …… 60
4.5 仿真结果分析 …… 61
4.6 小结 …… 69

第5章 可选末端交付方式和时间窗的城市配送动态订单接受优化研究 …… 70

5.1 引言 …… 70
5.2 问题分析 …… 71
5.3 城市配送动态订单接受决策框架 …… 73
5.4 仿真实验 …… 85
5.5 小结 …… 97

第 6 章　基于辐射半径的城市配送动态订单接受优化研究……… 99

6.1　引言 ………………………………………………………………… 99
6.2　问题描述 …………………………………………………………… 100
6.3　基于辐射半径的订单接受策略 ……………………………………… 101
6.4　以规则为主的 DVRP 算法设计 ……………………………………… 108
6.5　仿真分析 …………………………………………………………… 113
6.6　小结 ………………………………………………………………… 130

第 7 章　可选末端交付方式和时间窗的城市配送服务选项多目标联合定价研究 ……………………………………… 131

7.1　引言 ………………………………………………………………… 131
7.2　问题描述及参数定义 ………………………………………………… 134
7.3　模型建立 …………………………………………………………… 136
7.4　仿真分析 …………………………………………………………… 141
7.5　小结 ………………………………………………………………… 155

第 8 章　结论……………………………………………………………… 157

参考文献…………………………………………………………………… 160

第 1 章

引　　言

1.1　问题的提出

城市配送是关系广大城乡居民生产生活需求的重大民生工程[1]，是促进消费升级、推动城市化进程的先导性产业[2,3]。自2013年以来，国务院、商务部、交通运输部等部门多次下发文件，要求切实加强和改进城市配送，促进城市配送健康有序发展。得益于国家政策指引以及电子商务、O2O（offline to online）等行业快速崛起，近年来，我国城市配送发展迅速，业务规模持续扩大，2020年我国快递业务量突破800亿件，人均快递包裹量近60件，约为全球平均水平2倍，对电子商务的发展、商贸流通的提档升级发挥了重要推动作用[4,5]。

城市配送的高速发展无法掩盖城市配送面临的种种问题。一方面，我国城市配送服务产品单一，无法满足电子商务、连锁经营、O2O等行业差异化、个性化、准时化的配送服务需求[4]。作为“供给侧改革”的重要内容之一，创新城市配送的服务产品供给，成为推动消费服务业整体转型提升、经济增长转向消费驱动的重要基础问题。另一方面，城市配送业务量虽然高速增长，但作为城市配送承载主体的快递行业却面临利润率逐年下滑的问题，整个行业的平均利润率已不足5%。如何提高城市配送的盈利水平，为技术更新、规模扩张提供资金来源，成为推动城市配送可持续性发展的重要问题[6,7]。我国城市配送急需进行“供给侧改革”，创新配送服务产品种类，提高行业盈利水平，促进城市配送健康发展[2,4]。

面对改善城市配送服务产品供给、提高城市配送盈利水平的双重目标，在航空、酒店、餐饮、云计算等行业广泛应用的收益管理（revenue management，RM），为上述问题的解决提供了新思路[8-11]。收益管理是通过优化产品或服务的价格和获得性，使有限的供给与变化的需求达到均衡，从而实现收益最大化[12-14]。城市配送具有最大服务能力短期内基本固定、服务不可存储、需求可以细分且不确定、服务可预售等特征，满足应用收益管理的条件[15]。城市配送可以应用末端交付方式和时间窗的不同服务选项组合，区分无差异的配送服务，为顾客设计多样化的配送服务产品，满足顾客差异化的配送服务需求，实现改善城市配送服务产品供给的目标；城市配送可以根据有限的服务能力供给，基于不同配送服务产品供求关系，制定差别的服务产品定价，达到提高城市配送盈利水平的目的。

基于此，本书根据收益管理理论，优化设计末端交付方式和时间窗的服务选项组合，提供差异化、个性化、准时化的城市配送服务；优化容量控制与差异化定价，使用有限的服务能力满足高收益的配送需求，从而达到改善城市配送服务产品供给、提高城市配送盈利水平的目标，推动我国城市配送产业可持续性发展。

1.2　国内外研究现状及发展动态分析

本研究涉及城市配送、收益管理、配送时间窗管理等研究领域。由于不同配送点可行的时间窗高度依赖车辆的配送顺序，配送时间窗管理与配送路径优化密切联系。因此，本研究还涉及配送路径优化领域。下面分别对上述领域的国内外研究现状及发展动态进行分析。

1.2.1　关于城市配送与城市配送收益管理的研究

近年来，随着电子商务的兴起，城市配送在理论研究、实践运作等方面都取得了长足进步。当前，城市配送研究关注的问题比较广泛，许茂增和余国印（2014）对城市配送研究现状进行了较好的综述，总结了如下内容：配送体系、配送模式、配送中心选址、配送路径优化、配送车辆调度、信息化建设、配送评价等[16]。关于城市配送末端交付选项和运作模式的研究综述还可以参看赫曼等人（Hermann et al.，2016）的研究[17]。本研究主要涉及城市配送模式问题，下面对其国内外研究现状及发展动态进行分析。

目前关于城市配送运作模式的研究，主要关注城市配送末端交付、配送模式创新等问题。

城市配送末端交付，也称“最后一公里”问题，目前已经提出了三种交付方式，包括：送货上门交付（attended home deliveries，AHD）、收件箱交付（reception box，RD）和自提点交付（collection and delivery points，CDPs）。卡马拉宁等（Kämäräinen et al.，2001）是较早对送货上门交付进行系统论述的研究，分析了送货上门交付概念、服务产品设计、时间窗长度、配送服务接受周期、服务价格等问题[18]。张锦和陈义友（2015）对当前城市配送末端交付的研究现状进行总结，梳理了自提点布局、路径优化、配载优化、运输工具选择、多式联运协调、利益主体博弈以及顾客服务质量提升等问题的研究方法和主要结论[7]。此外，城市配送末端交付的研究还关注末端交付方式的效率评估与选择、末端节点选址等问题。对于末端交付的效率评估与选择，普纳基维（Punakivi，2001）比较分析发现收件箱方式比送货上门交付可以压缩60%的成本[19]；王等（Wang et al.，2014）使用遗传算法，比较了三种交付方式在成本、需求密集程度和人口密度等不同情形下的成本和运作效率[20]。对于末端节点选址，张戎和王镇豪（2012）建立了城市配送末端节点布局双层规划模型[21]；周翔等（2014）分别考虑顾客满意度最大和运输成本最低两个目标，对B2C模式下城市配送网络中的末端节点数量、配送中心和末端节点的选址等问题进行研究[22]；杨聚平等（2014）以客户群体为导向，构建了集公共电子提货柜、人工自助提货和送货上门等多种配送方案的综合配送模型[23]。

对于城市配送模式创新，主要关注共同配送、公共配送的模式优化、效率评估等问题。例如，汤普森和哈索（Thompson & Hassall，2012）提出了由车辆在供应商之间进行取货的干线路径和向零售商送货的配送路径组成的共同配送模式[24]；邱晗光等（2014）

将大数据分析应用于基于公共配送中心的城市配送流程改进，从城市配送报价、配送时间窗优化、配送路径规划、车辆调度及装载、成本管理等方面阐述大数据的应用场景[15]。在效率评估方面，樊雪梅等（2013）采用层次分析法和数据包络分析法建立了城市配送效率评价模型，对各种配送模式的投入产出效率进行计算，研究发现自营实体店配送、传统配送企业服务、共同配送企业服务为相对有效的三种方式[25]。

收益管理自提出以来，在航空、酒店等易逝性行业中取得了显著的应用效果，产生了大量的研究成果，基本形成了需求预测与细分、容量控制、定价、超售等组成的工具体系[12,13,26]。城市配送具有最大服务能力短期内基本固定、服务不可存储、需求可以细分且不确定、服务可预售等特征，为城市配送实施收益管理奠定了基础[27]。而目前收益管理在城市配送中的应用还处于起步阶段，相关研究较少，主要是对消费者行为、服务定价等问题进行分析。对于消费者行为，例如廖等（Liao et al.，2011）使用数据挖掘技术，分析了城市配送中生鲜产品和一般产品购买行为之间的联系，为在线商店向消费者推出的购物目录定制提供决策支持[28]。城市配送服务定价首先要对配送服务成本进行预估。不同于航空运输中每个客户的服务成本基本固定，城市配送中每个订单的服务成本不仅与配送服务自身的位置有关，还与当前已经接受的其他服务相关。卡贝尔和沙维尔斯伯格（Campbell & Savelsbergh，2006）基于消费者选择模型，在配送数量和收益固定的情形下，讨论了如何利用价格折扣吸引顾客选择配送成本低的时间窗，其定价策略是基于当前已接受的订单、利用插入算法（inserting methods）进行成本预估[29]。热纳等（Geunes et al.，2007）在配送服务的数量和频率与服务价格敏感的情形下，研究了不同配送区域的服务定价问题[30]。阿斯德米尔（Asdemir，2009）使用消费者选择模型和马尔科夫决策模型，研究了考虑多用户等级和服务能力约束的城市配送动态定价问题[31]。不同于卡贝尔和沙维尔斯伯格（2006）对服务成本的预估方法研究，杨等（Yang et al.，2013）在基于插入算法进行成本预估时，不仅考虑当前已经接受的配送服务订单，还考虑未来可能达到的服务需求，研究了送货上门交付下的不同时间窗的动态定价问题[32]。陈淮莉等（2016）针对客户在线时间窗选择具有随机性的特点，引入效用函数描述基于 Logit 选择模型的时隙选择概率公式，建立了考虑订单交付期约束并具备均衡配送能力的多时隙定价模型[33]。克雷恩等（Klein et al.，2019）使用了一般非参数排序选择模型（general non-parametric rank-based choice model approach）描述消费者的选择行为，构建了一个时间窗定价的混合整数规划模型，其中配送成本主要采用基于代表点的成本估算（seed-based cost approximation）预估方式完成[34]。

总体上看，对城市配送运作模式的研究，主要关注城市配送末端交付、配送模式创新，对于城市配送收益管理的研究侧重于送货上门交付下服务定价优化。配送成本的计算是进行定价的前提。多数使用连续预估或者插入算法计算新增订单服务成本，既没有考虑配送时间窗的起止时刻及长度对服务定价、消费者选择的影响，也没有涉及多种末端交付方式下城市配送服务定价问题。

1.2.2 关于配送时间窗管理的研究

时间窗管理（time slot management）是指在末端交付环节不同区域配送时间窗的分配问题。以往的城市配送或路径优化研究中往往将时间窗设定为外界变量。电子商务的发展，为配送服务供应商或者顾客主动参与的时间窗管理提供了条件。目前，时间窗管理研究主要面向送货上门交付（attended home deliveries）。该方式能够提供较好的客户体验，但是其运作效率不高。时间窗的优化配置对送货上门交付的运作效率有重要影响[35]。

时间窗管理涉及城市配送作业层面和运作层面[36]，现有的时间窗管理研究可以分为案例研究与规范研究两类。案例研究方面，例如阿加特兹等（Agatz et al.，2008）研究了在线销售商 Peapod 在执行送货上门交付时，时间窗计划的制定、动态时间窗管理以及用户需求管理等问题。规范研究方面，主要关注时间窗时长（duration of time windows）的影响、时间窗的分配等问题[37]。另外，配送时间窗管理的研究也涉及收益管理，请参见“1.2.1 关于城市配送与城市配送收益管理的研究”。

对于时间窗时长的影响。希尔等（Hill et al.，2000）分析了缩短配送时间与服务成本降低之间的联系[38]；普纳基维和萨拉宁（Punakivi & Saranen，2001）分析时间窗长度的设计对配送运输成本的影响，指出弱时间窗约束能够提高收益，完全无时间窗约束能够使总收益提升 1/3[39]；林和马赫马萨尼（Lin & Mahmassani，2002）总结了美国在线零售商常用的配送策略，包括送货上门服务和一般服务，分析了时间窗长度、道路状况、车场数量、车辆数量等因素对配送策略选择的影响[40]；卡贝尔和沙维尔斯伯格（2005）研究发现将一个小时的时间窗延长为两个小时可以提高总收益的6%[41]；埃姆克和卡普贝尔（Ehmke & Campbell，2014）发现缩短时间窗长度将减少接近15%的配送订单数量[36]。

对于时间窗的分配，主要解决不同区域提供的时间窗以及订单接受决策。根据研究情景的时间跨度，可以分为静态时间窗分配和动态时间窗分配两种情况。静态时间窗分配是指时间窗分配策略在整个配送周期保持不变。阿加特兹等（2007）假设不同配送区域的需求是已知的、需求与提供的配送时间窗无关，构建了时间窗顺序的计划问题模型（time slot schedule design problem，TSSDP），解决不同配送区域送货上门交付下时间窗分配、时间窗的数量与时长等问题[42]。阿加特兹等（2011）研究了静态情形下时间窗在地理位置维度上的分配问题，在研究中使用连续预估方法来估计路径成本并假设每个区域的需求是已知的并且独立于时间窗[35]。赫尔南德兹、根德劳和波特温（Hernandez，Gendreau & Potvin，2017）考虑了与阿加特兹等（2011）[35]类似的问题，基于周期性时间窗车辆路径问题（PVRP），构建了两种用于TSSDP问题的启发式算法，获取了订单接受阶段不同邮政编码区域可接受的时间窗集合[43]。布鲁克、考德奥和劳里（Bruck，Cordeau & Lori，2018）使用大规模邻域搜索算法研究了在每个时间窗分配给每个地理区域的配送资源数量，最终形成了与配送区域关联的时间窗表格以及成本节约的配送路径[44]。

相对的，动态时间窗分配是指在配送周期内时间窗的分配策略会进行调整，消费者行为的刻画是其中的重要问题之一，通常使用离散选择模型进行讨论，也涉及订单接受决策。本特和范·亨德里克（Bent & Van Hentenryck，2004）通过控制时间窗的分配，实现收益最大化，但是没有考虑拒绝一些服务成本较高的订单[45]；卡普贝尔和沙维尔斯伯格（2005）在上述研究的基础上，假设在订单接受期内配送服务需求随机到达，考虑拒绝某些服务成本较高的订单，并提出了DSR、DIFF、PATH、REG四种路径插入方法[41]。卡普贝尔和沙维尔斯伯格（2006）考虑使用价格折扣，使消费者选择较宽的时间窗，进而降低配送路径的成本[29]。埃默克和卡普贝尔（Ehmke & Campbell，2014）在交通通行时间随机的情况下讨论了几种城市配送服务订单接受策略，在尽量满足线路可行性的基础上接受尽可能多的配送服务订单[36]。目前为止，上述研究是少数几篇讨论精确交通时间的文章之一。克莱法斯和埃默克（Cleophas & Ehmke，2014）采用航空业单个座位期望收益算法，建立了面向AHD的动态订单接受或拒绝算法，在该算法中使用静态slotting算法的输出作为计算依据；接受或者拒绝订单的标准是每个时间窗可接受的订单数量以及每个订单的收益大小，可接受的订单数量是源自历史数据的经验决策，使用收益管理中常见的the expected marginal seat revenue（EMSR）算法确定[46]。陈淮莉和汪健建立了Logit选择模型，在配送能力外生的情形下，提出配送时间窗定价模型，讨论了运输能力预留策略[47]。

总体上看，时间窗管理的研究是面向送货上门交付的，这与国外以独立房屋居住为主的实际情况吻合。然而在中国城市化进程中，城市居民以高层建筑集中居住为主，收件箱方式或自提点方式更符合中国的实际需求。对于多种末端交付方式下时间窗管理的研究还比较少。

1.2.3 关于配送路径优化的研究

关于城市配送路径优化的研究，很多是源自车辆路径问题（vehicle routing problem，VRP）及其拓展形式。该问题自丹兹格和拉姆瑟（Dantzig & Ramser）于1959年提出以来，产生了大量的问题拓展，也积累了丰富的研究成果。本书的研究与动态车辆路径问题（dynamic vehicle routing problems，DVRP）密切相关。

关于DVRP问题的研究较早见于波沙拉弗蒂斯（Psaraftis，1988）[48]，根据动态性的来源，可以将问题分为需求、服务资源[49]、网络性能[49,50]、数据偏差等[51]。现有研究大多关注需求带来的动态性，优化的目标包括最小化期望等待时间和服务时间[52]、车辆数量最小[53]、服务路径最短[54]、服务顾客最多[54]等。DVRP问题的求解方法分为周期性优化和实时优化两类[55]。周期性优化是通过决策点（decision epochs）或者时间片（time slices）的设置，待动态不确定的需求转换为确定需求后，将动态问题转为静态问题进行求解[53,56-59]。周期性优化能够借鉴静态车辆路径问题的研究成果，有利于算法的快速实现。由于配送可行性和路径成本信息需要以时间片为周期进行更新，周期性优化无法为订单接受决策提供实时支持。实时优化是由顾客到达或数据更新等事件驱动的[52,60]。实时优化可以分为两种：以算法为主和以规则为主[54]。以算法为主的实时优化在顾客到达或者数据更新后立刻通过局部优化或全局优化更新现有路径，以满足接受订单的配送需求[60]。以规则为主的研究侧重于定义动态出现的需求点如何形成配送路径的规则，包括定义配送区域内动态产生订单的便利机制及启动路径优化算法的触发机制等。目前提出的规则包括：先到先服务策略（FCFS）、随机中心排队策略（SQM）、定量 TSP 策略（nTSP）、分区定量 TSP 策略（mod nTSP）、分格策略（PART）、就近策略（NN）和填充曲线策略（SFC）等[61]。相对来说，基于规则的实时优化可以在求解时间和质量之间实现平衡。

时间窗的引入进一步增加了 DVRP 问题的求解难度，包括硬时间窗约束、软时间窗约束和开放式时间窗约束等情形[62,63]。带时间窗的动态车辆路径问题（dynamic vehicle routing problems with time windows，DVRPTW），主要采取周期性优化和以算法为主的实时优化方法。Bent 等以服务配送订单数量最大化为目标，提出了 multiple plan approach（MPA）方法以及考虑未来潜在配送需求的 multiple scenario approach（MSA）方法[45]。以算法为主的实时优化方法，主要使用禁忌搜索算法、列生成算法、粒子群优化算法等[62]。在硬时间窗约束的情境下，DVRPTW 问题尤其需要优化订单接受策略，即拒绝某些服务成本较高或者运作不可行的配送需求。这是因为在服务能力有限的情形下，配送点的硬时间窗约束和接受全部配送订单的设定，会导致无法获取可行的配送路径方案。由于基于规则的实时优化涉及配送区域内动态产生订单的遍历机制，在硬时间窗 DVRP 问题求解时，订单接受策略可以嵌入到规则设计中，以提高规则的计算有效性。

总体上说，目前面向 DVRPTW 问题，以规则为主的实时优化方法还比较少[62]，联合考虑末端交付方式和时间窗因素的规则设计也需要完善。

1.2.4 研究现状评述

综上所述，关于城市配送、收益管理、路径优化的研究，具有以下特点和不足：

（1）目前关于城市配送收益管理的研究已经引起了国外学者的重视，但是研究的系统性和深入程度还不够。

（2）国外关于城市配送收益管理的研究主要面向送货上门交付，这与国外以独立房屋居住为主的实际情况吻合。这些研究都是通过时间窗的分配对配送需求进行细分，然后应用定价工具实现收益管理。国内对城市配送收益管理的研究主要为概念分析与讨论。

（3）结合中国城市化情形，城市居民大多以高层建筑集中居住为主。物业管理和小区便利店承担了自提点的角色。以收件箱和自提点为主、送货上门交付为辅的混合末端交付方式，更适合中国国情。而目前考虑多种末端交付方式的时间窗管理及收益管理研究还比较少。

（4）城市配送时间窗管理的研究主要面向送货上门交付。现有研究大多采用连续预估或者插入算法来估计路径成本，并假设每个区域的需求是预知的并且独立于时间窗。然而，不同配送点的可行配送时间窗高度依赖访问路径，使得耗费的配送能力和成本也与配送路径密切联系。时间窗管理需要与路径规划进行集成优化。而目前关于这部分的研究还有待加强。

（5）本书将结合中国实际，计划研究考虑多种末端交付方式和时间窗的城市配送收益管理。将路径规划引入时间窗管理及收益管理，较精确地考察时间窗分配的可行性以及对城市配送能力容量控制和定价策略的影响；还将考虑配送服务价格、末端交付方式、配送时间窗等服务选项对消费者选择行为的影响，清楚刻画配送服务需求与服务选项之间的联系。

1.3 研究意义

结合我国以收件箱和自提点为主、送货上门交付为辅的混合末端交付方式，针对现有研究的不足，把末端交付方式、时间窗配置与城市配送收益管理相结合，为城市配送收益管理提供有效的新思路和新方法。本研究具有以下理论意义和现实意义：

（1）从末端交付方式、时间窗分配两个维度对无差异的城市配送服务进行区分，建立起城市配送服务产品体系，在此基础上对城市配送收益管理的容量控制、定价等问题进行研究。顾客偏好差异情形下，末端交付方式和时间窗之间的关联如何、末端交付方式和时间窗分配对城市配送的能力影响如何、末端交付方式和时间窗的不同服务选项组合下价格设置的依据和逻辑是什么，对于这些问题，学术界还没有完全刻画清楚。本研究有助于城市配送收益管理体系的建立和完善，为城市配送容量控制和定价提供新思路和新方法。

（2）由于时间窗的配置与配送点的访问先后顺序密切相关，城市配送时间窗设置具有很强的配送路径依赖性，对整个城市配送的能力利用和成本控制影响较大。通过在收益管理模型中嵌入路径规划模型，能够使得城市配送收益管理可以根据已接受配送订单的地理位置和现有路径规划，预计接受不同区域新订单耗费的配送能力多少和增加成本大小。这是对配送订单进行容量控制和定价的基础。本研究有利于弥补学术界对该特征的研究不足。

（3）通过城市配送收益管理的研究，有利于改变我国城市配送服务产品单一、盈利能力低的现状，有利于满足电子商务、连锁零售、O2O 等产业日益增长的差异化、个性化、准时化配送服务需求，促进我国城市配送服务产业的“供给侧改革”，在推动城市配送发展的同时，也促进制造业、消费服务业以及 O2O 新兴产业整体转型提升。

综上所述，本书将构建城市配送收益管理的理论体系，建立顾客可选末端交付方式和时间窗的城市配送收益管理新方法和新理论；在实践上，将为改善城市配送服务产品供给、提高城市配送盈利水平、促进行业健康发展提供新思路和新方法。

第 2 章

考虑需求集散度的城市配送收益管理研究

2.1 引　　言

城市配送是实现城市物资内外交换、发挥城市经济辐射带动作用的基础保障，是满足城市居民生产生活需求的重大民生工程[16,64,65]。近年来，随着我国城市化进程加快、居民消费快速增长和消费行为快速变化，我国城市配送需求快速增长，2013 年全国完成快递量超过 90 亿件[66,67]。与城市配送业务量高速增长相比，我国快递业的利润率却逐年下降，大多数公司利润率不足 5%，陷入价格战泥潭[68]。快递业难以获取技术更新、规模扩张的资金来源，对行业的可持续性发展带来了负面影响。如何提高城市配送的盈利水平、促进行业的健康发展，成为城市配送发展过程中的重要问题。

在航空、酒店等行业中广泛应用的收益管理，为上述问题的解决提供了新思路。收益管理（revenue management，RM），通过优化产品或服务的价格和获得性，使有限的供给与变化的需求达到均衡，从而实现收益最大化[69]。收益管理在航空、酒店等行业的应用都取得了显著效果，对提高行业收益、促进行业健康发展发挥了重要作用[69]。而目前收益管理在城市配送中的应用还处于起步阶段，相关研究较少。

鉴于此，本章首先对收益管理应用于城市配送的可行性进行分析，其次根据城市配送服务能力、成本与需求集散度相关的行业特点，构建城市配送收益管理模型，阐述城市配送收益管理的构成要素，最后对城市收益管理的实现流程进行分析，为收益管理在城市配送中的应用提供参考。

2.2 城市配送收益管理的可行性

城市配送具有最大服务能力短期内基本固定、服务不可存储、需求可以细分且不确定、服务可预售等特征，基本具备应用收益管理的条件。

（1）城市配送最大服务能力短期内基本固定。城市配送能力由设施、车辆、人员等因素决定，在一段时间内，能够提供的最大配送服务能力是固定的。然而，由于交通堵塞、时间窗配送需求等因素，城市配送的最大服务能力往往难以达到，只能通过配送区域的合理划分、配送路径的优化安排等措施，尽量提高服务能力的利用率。

（2）城市配送服务不可存储。城市配送服务具有服务性产品的基本属性，其服务能力不可储存，具有易逝性。一旦配送车辆驶出配送中心，而配送车辆还有额外的装载能力和行驶里程，则这些未被利用的配送能力就会浪费，无法像实体产品利用库存等措施进行储存。

（3）城市配送需求可以细分。城市配送的需求呈多样化。不同顾客在购买不同商品时，对配送时间、配送价格、配送位置的要求存在较大差异。提供城市配送的第三方物流企业可以根据配送的时间、配送价格、配送的具体位置对市场需求进行细分，提供不同的服务产品，制定不同的定价，利用收益管理手段增加城市配送收入。

（4）城市配送需求具有不确定性。城市配送需求是一种衍生需求，是顾客在进行网上消费或者实体店购买后衍生出来的，是整个物流活动末端的“最后一公里”环节。由于顾客购买的产品及数量在时间和空间上均存在不确定性，由此衍生的配送需求也是变化的，在时间维度和空间维度上也存在不确定性。

（5）城市配送服务可预售。由于城市配送需求是一种衍生性需求，根据消费行为习惯，顾客在进行网上消费或者实体店购买时，就基本选定了配送服务的类型，包括配送的时间、配送到达的位置。因此城市配送服务具备可预售性。

综上所述，将收益管理应用于城市配送是可行的。由于城市配送具有自己的行业特点，不能照搬收益管理在其他领域的应用，城市配送收益管理更加复杂。

2.3　需求集散度对城市配送收益管理的影响

在城市配送中，需求集散度是指配送区域或配送路径上，不同配送订单地理位置之间的疏密关系。不同于航空、酒店等收益管理常用行业，城市配送的服务能力、成本与需求集散度密切相关。配送地理位置越集中，配送运力利用越充分，服务能力将提高，而平均服务成本将降低；相反，配送地理位置越分散，配送运力利用越低效，服务能力将下降，而平均服务成本将提高。

（1）需求集散度对城市配送服务能力的影响。在航空、酒店等行业，其服务能力与设施的大小、数量等因素相关，在进行计划管理时面临的服务能力不确定性较小。例如航空公司在某条航线上的服务能力，与投入飞机的机型、数量相关，在进行销售时，总座位数量固定。然而，城市配送的服务能力，除了与车辆的大小、数量等静态因素相关外，还受配送过程中需求集散度影响。配送需求的地理位置越集中，单辆车在固定时间内能满足的配送需求越多，其配送服务能力将提高，相反，如果配送需求的地理位置越分散，单辆车的配送服务能力将下降。

（2）需求集散度对城市配送服务成本的影响。在航空、酒店等行业，平均服务成本在整个服务过程中是基本不变的，例如航空服务中，与飞机机型相关的成本在整个服务过程中基本固定。然而，城市配送的平均成本与需求集散度相关，如果配送需求的地理位置较集中，车辆在不同配送点之间的平均行驶里程减少，配送服务平均成本会降低，相反，如果配送需求的地理位置较分散，车辆在不同配送点之间的平均行驶里程增加，配送服务平均成本会上升。

城市配送服务能力、成本与需求集散度的相关性，对收益管理的应用提出了新挑战。一方面，城市配送服务能力与需求集散度的关联性，使得可用配送能力的大小与配送订单选择、配送区域划分、配送路径规划等运作层动态因素相关，可用服务能力的估算难度增大，对城市配送收益管理后端的容量控制提出了新要求，需要处理可用服务能力的不确定性；另一方面，城市配送服务成本与需求集散度的关联性，使得每个配送订单的服务成本存在差异，不仅与车辆、设施等静态因素相关，还与已经接受的其他订单相关，使得城市配送收益管理前端的动态定价和订单接受策略的制定更加困难。城市配送收益管理需要考虑需求集散度的影响。

2.4　考虑需求集散度的城市配送收益管理模型

2.4.1　基本概念

考虑需求集散度的城市配送收益管理，是指提供城市配送服务的第三方物流企业，考虑需求集散度对配送能力和成本的影响，在需求预测及细分的基础上，基于需求集散度分析，对配送服务的价格和能力容量进行适时有效管理，使得每条配送路线上的每次配送服务以最优价格销售给最合适的需求者，实现城市配送收益最大化。考虑需求集散度的城市配送收益管理概念模型如图 2 - 1 所示。

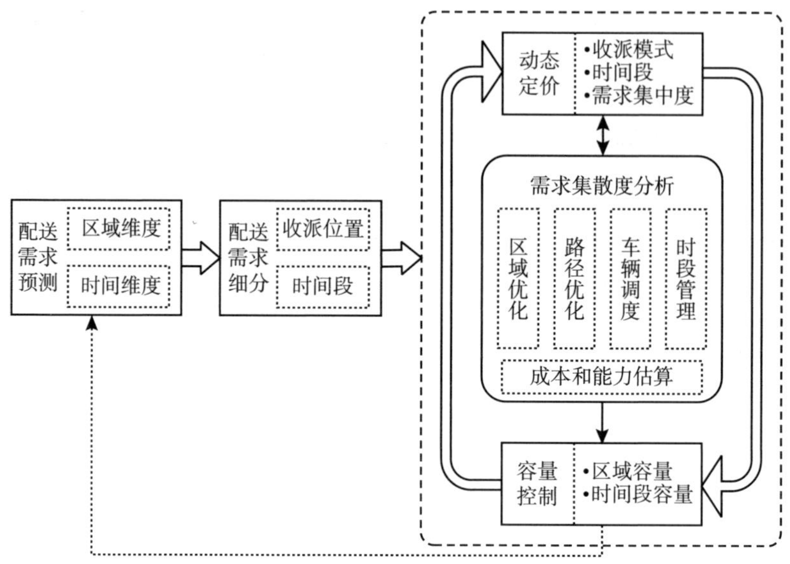

图 2－1　考虑需求集散度的城市配送收益管理

从定义可以看出，由于服务能力、服务成本与需求集散度相关，城市配送在运用收益管理常见方法的同时，强调基于需求集散度的定价和容量控制。

（1）城市配送收益管理使用需求预测、需求细分、动态定价、容量控制等常见方法，通过对配送需求的分析和预测，优化配送区域划分和配送路径设计，然后考虑需求集散度对配送能力和成本的影响，制定合理的动态定价和容量控制策略，提高配送服务收益。

（2）城市配送收益管理强调需求集散度分析的作用。配送需求集散度分析，是指根据已接受配送订单的地理位置和现有路径规划，预计接受不同区域新订单耗费的配送能力多少和增加成本大小。这是对配送订单进行动态定价和容量控制的基础。在现有配送方案下，根据已接受订单的需求集散度分析，若区域内新增订单耗费的配送能力和成本较少，则可以适当降低该区域的配送服务价格，反之，则应该提高该区域的配送定价，并根据未来需求预测适当增加该区域的配送能力。

（3）城市配送收益管理强调与配送区域划分、车辆调度、路径安排等运作问题的联合优化。由于城市配送服务能力、服务成本均与需求集散度相关，接受新配送订单会改变原有订单的疏密关系，从而影响配送区域的划分，进而影响车辆调度与路径安排。同时，需求集散度分析提供的能力消耗和成本估算，也需要依据现有车辆调度及路径安排提供的基础数据。城市配送收益管理与配送区域划分、车辆调度、路径安排的联合优化，有利于提高收益管理的效果。

因此，城市配送收益管理，除了需要解决动态定价、容量控制等收益管理常见问题外，介于城市配送服务能力、成本与需求密集度相关的行业特性，还需要考虑与车辆调度和路径规划的联合优化问题。

2.4.2　构成要素

类似于航空、酒店等行业，城市配送收益管理也是由需求预测、需求细分、动态定价、容量控制组成的闭环系统。此外，根据城市配送服务能力、成本与需求集散度相关的行业特点，城市配送收益管理还需要嵌入需求集散度分析。

1. 配送需求细分及服务产品设计

需求细分是进行收益管理的重要基础，是差别定价的重要条件。

在城市配送服务中，常见的细分维度包括配送时间窗、配送价格、易逝性等。配送时间窗是指配送到达的时间范围，包括配送最早时间、配送最晚时间。根据价格敏感性，配送需求可以分为价格敏感型和不敏感型配送；根据配送商品易失性，配送需求可以分为易失性和非易失性商品配送。

基于不同的维度，城市配送需求可以细分为如下类型：配送时间窗小—易失性—价格不敏感商品配送、配送时间窗小—非易失性—价格不敏感商品配送、配送时间窗大—易失性—价格敏感商品配送、配送时间窗大—非易失性—价格敏感商品配送等。各种细分的城市配送需求举例如表 2 – 1 所示。

表 2 – 1　　　　配送需求细分举例

配送时间窗	易失性	价格敏感性	
		强	弱
小	强	—	餐饮配送
	弱	—	定制化准时配送
大	强	生鲜产品配送	—
	弱	百货类配送	—

在需求细分的基础上，城市配送服务产品可以按照时间窗和配送位置进行设计。根据配送时间窗，配送服务产品包括：准时配送、时间窗配送、一般配送等；根据配送位置，配送服务产品包括：当面签收、取货点自提等。不同配送位置的选择主要影响配送的效率，当面签收需要等待时间，而取货点自提便于大批量处理。多样化的服务产品设计，为城市配送实施收益管理提供了差别化定

价的对象。

2. 配送服务动态定价

配送服务动态定价是在配送需求细分的基础上，以最优的定价将有限的服务能力销售给恰当的配送需求。配送服务动态定价是提高配送服务收益的重要环节。根据需求细分的结果，配送服务动态定价主要根据收派时间窗、需求集散度、收派模式进行。

（1）收派时间窗。基于收派时间窗的配送服务动态定价，主要根据时间窗的大小、时间窗内的未来需求预期和服务能力供给进行。对第三方物流而言，在制定收派时间窗的大小时，需要考虑能力供给及交通路网情况，时间窗越小对服务能力的消耗越多，对交通路网的拥挤情况越敏感，相应地服务定价将越高；在各个时间窗内，未来预期需求越多、服务能力供给越紧张，则定价越高，未来预期需求越少、服务能力供给越充裕，则可以适当降低定价。对消费者而言，选择宽松的收派时间窗，能够获取更低的配送服务价格。

（2）需求集散度。基于需求集散度的配送服务动态定价，主要根据计划配送区域内或者配送路径上配送需求的疏密情况进行。如果新插入的配送需求，与现有配送需求位置接近，带来的成本增加或能力消耗不明显，则配送需求定价较低；相反，与现有配送位置距离较远，增加的成本或者消耗的配送服务能力偏高，甚至需要对原有路径配送方案进行调整，则定价较高。

（3）收派模式。收派模式，即“最后一公里”的解决方式，包括当面签收、取货点代收等方式。不同收派模式具有不同的配送效率。当面签收需要额外的等待时间，而取货点自提便于大批量处理。因此，对于取货点自提等效率较高的收派模式，可以采用较低的定价；而对于当面签收等效率较低的收派模式，可以采取较高的定价。

3. 需求集散度分析

在城市配送收益管理中，需求集散度分析主要完成以下工作：（1）根据现有订单的地理位置，对不同区域和路径，估算新增订单需要耗费的成本和服务能力，为动态定价和容量控制决策提供支撑；（2）根据已接受的配送服务订单，评估当前配送区域划分是否恰当，在配送区域调整后，优化配送车辆调度及路径规划，并更新区域及路径的容量控制。

2.5 考虑需求集散度的城市配送收益管理流程

考虑需求集散度的城市配送收益管理分为三个阶段进行：准备配送收益管理、实施配送收益管理和完成当期配送三个阶段，如图2－2所示。

1. 准备配送收益管理阶段

准备配送收益管理阶段包括配送需求预测、初始车辆调度、初始路径规划、静态容量控制等四个步骤。主要目的是根据服务区域内的需求预测结果，优化车辆调度和路径规划，形成分区域、分路径、分服务的配送能力容量控制方案。

配送需求预测是整个配送收益管理的起始步骤，不仅服务于初始车辆调度、路径规划、容量控制，还为实施过程中的动态定价、

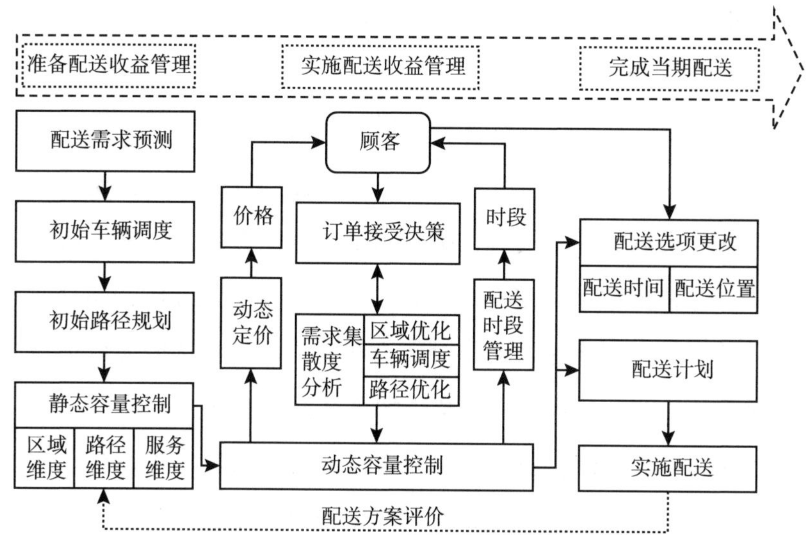

图 2－2　考虑需求集散度的城市配送收益管理实施流程

订单接受决策、配送时段管理提供必要的基础数据支撑。初始车辆调度和路径规划基于需求预测结果、现有的车辆、人员等因素，确定每个配送周期内不同车辆的服务区域及路径安排。静态容量控制方案是配送收益管理准备阶段的重要成果，是实施配送收益管理的前提。基于初始车辆调度和路径规划，静态容量控制需要估算出每个配送周期内，各区域、各路径及各种配送服务的能力供给情况，包括能力供给的最大值、盈亏平衡的最小服务单数，形成初始的能力容量控制方案。配送容量控制中，区域维度、路径维度、服务维度是相互关联的。区域维度的能力容量会因为区域内或区域间路径规划的变更而调整，路径维度的能力容量也会因为配送区域的划分而变更；路径维度的最大能力容量，受到路径上提供配送服务类型的约束，当路径上准时配送较少时，路径上的能力容量较大，相反，当准时配送需求较多时，路径上的配送能力将缩小。

2. 实施配送收益管理阶段

实施配送收益管理阶段主要包括订单接受决策、动态定价、配送时段管理、需求集散度分析、动态容量控制等步骤。主要目的是根据当前各区域、各路线、各服务剩余配送能力容量，利用需求集散度分析，估算新增订单对原有配送方案服务能力和成本的影响，准确调整可供顾客选择的配送时间段和定价，使配送能力以恰当的价格销售给恰当的顾客，提高整个配送过程的收益。

配送收益管理的实施，是在配送订单接受窗口内进行的。所谓配送订单接受窗口，是指每个配送周期前，开始接受订单到停止接受订单的间隔时间。对于第三方物流企业而言，开始接受配送订单的时间通常不固定，但停止接受配送订单的时间往往是配送开始前一天。第三方物流企业在整个配送订单接受窗口内，需要进行复杂的动态决策，尽力实现收益最大化。

根据准备阶段提供的静态容量控制，首先利用需求集散度分析，估算不同配送区域和路径上新增订单耗费的服务成本和服务能力，制定不同区域新增订单的定价和可供选择的时间段。在配送订单接受窗口开启后，顾客根据提供的配送时段以及对应价格，选择配送服务并下达订单。在接受新配送订单后，配送服务商对现有订单的需求集散度进行以下分析：①路径上配送订单的饱和情况。若路径上配送订单过于饱和，则对配送区域划分、车辆路径规划进行调整，为后续的配送需求预留配送能力，若路径上配送订单比较稀疏，则进行适当的线路归并，提高路径的配送时间窗口利用效率，随着配送时间窗关闭时间的临近，配送方案中各条路径上的订单饱和度将逐渐提高；②根据修改后的方案，评估不同区域新订单耗费的配送服务能力和配送服务成本，更新定价策略、可选配送时间段及可提供的配送能力容量。由此往复，直到配送订单接受窗口关闭。

3. 完成当期配送阶段

完成当期配送阶段主要包括配送更新提示、配送选项更改、配送计划生成、配送实施等步骤。其主要目的是在配送能力允许的范围内，为顾客提供配送时间、配送位置、配送服务产品的更改，一方面满足顾客的应急需求，提高服务水平，另一方面，也可以进一步利用潜在服务能力，提升收益。例如英国 Hermes 物流服务公司，在配送前一天利用短信方式通知顾客配送安排，同时提供配送地址、配送时间更改的选项。在完成当期配送阶段，第三方物流公司首先根据当期动态容量控制、需求集散度等情况，对利用率较低路径上的顾客，提供配送选项更改提示和价格，然后基于顾客反馈情况更新配送计划并执行。

2.6　小　　结

目前我国城市配送的发展还难以满足城市化进程的速度，如何提高城市配送的盈利水平、促进行业的健康发展，成为城市配送发展过程中的重要问题。本章将航空、酒店等行业中广泛应用的收益管理引入城市配送中，在论述收益管理应用于城市配送可行性的基础上，分析需求集散度对城市配送服务能力、成本的影响，说明城市配送服务能力随需求地理位置集中而增加、平均成本随需求地理位置集中而降低，然后构建了考虑需求集散度的城市配送收益管理模型，阐述城市配送收益管理的构成要素，最后对城市收益管理的实现流程进行分析，为收益管理在城市配送中的应用提供参考。

第3章

需求依赖末端交付方式和时间窗的城市配送自提柜选址—路径问题研究

3.1 引　言

末端交付（last mile delivery）和配送时间窗（time slot）是顾客选择城市配送服务的重要决策变量，是创新城市配送服务产品的重要维度，也是约束城市配送服务效率和成本的重要因素[20,70]。现有末端交付方式包括：送货上门（attended home delivery，AHD）、自提柜（reception box，RB）和自提点（collection and delivery points，CDPs）等[20,70]。英国超市ASDA为顾客提供多样的末端交付方式和配送时间窗选择，包括自提柜服务和自定义配送时间窗的送货上门服务①。ASDA自提柜服务采用“Click & Collect”模式，即顾客在

① 线上下单线下取　沃尔玛向Asda学习零售新模式［EB/OL］. http：//www. link-shop. com. cn/web/archives/2015/322895. shtml，2015－4－27.

网上下单，可以到 ASDA 实体店或是自提柜提取，无需支付配送费用。目前自提柜主要设置于收购的加油站。ASDA 也为顾客提供自定义配送时间窗的送货上门服务。根据预定时间早晚以及选择时间窗是否在交通或服务峰值时段，顾客需要支付差异化的配送服务费用，如图 3 - 1 所示。顾客可以根据偏好定制个性化城市配送服务。

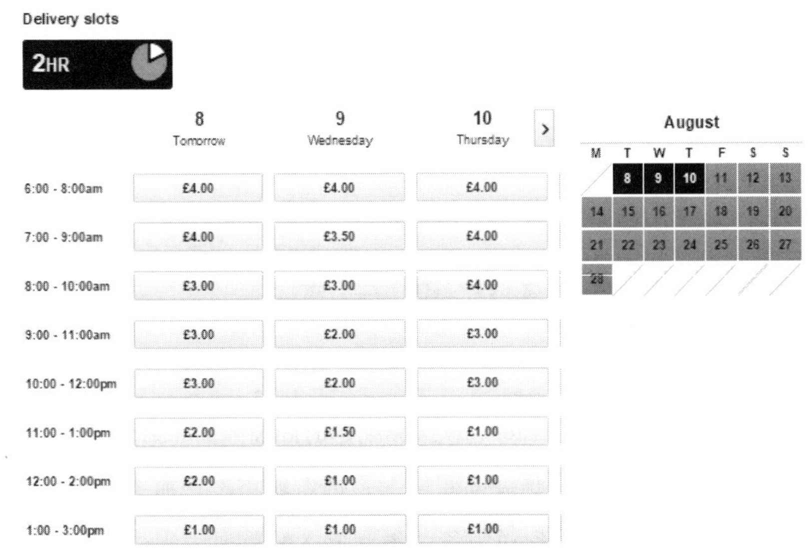

图 3 - 1　ASDA 超市送货上门服务配送时间窗选项

随着电子商务及餐饮、生活服务、零售等 O2O（offline to online）商业形态的快速崛起，顾客对末端交付方式与交付时间越来越敏感，配送需求数量随着末端交付方式及送达时间窗的调整而变化[7]。例如顾客常依据配送物品种类、送货时间、隐私保护及自提柜的距离等因素选择送货上门或自提柜服务；居住片区的顾客在非工作时段有较多的配送需求，而商业片区常需要在工作时间进行配送。配送需求数量往往依赖于末端交付方式及送达的时间窗。

配送需求数量与末端交付、时间窗之间的关联性，为城市配送自提柜选址—路径规划带来了挑战。自提柜选址决定了不同配送点可供选择的末端交付方式，路径规划决定了不同配送点可行的送达时间窗，自提柜选址、配送时间窗分配与路径规划之间存在紧密的联动关系。一方面，自提柜具有配送时间灵活性。设置自提柜是实现准时化配送的重要策略之一，其实质在于将配送任务前置处理：仅需在自提配送点最晚服务时间之前送达自提柜就可以满足时间窗约束，自提柜的设置为配送时间窗分配提供了缓冲时间。另一方面，配送时间窗分配具有路径依赖性。配送点可供选择的配送时间窗不是随意的，需要根据车辆配送的先后顺序依次划定，而且还受到交通状况影响。因此，城市配送自提柜选址、时间窗分配与路径规划需要集成优化。

目前，关于末端交付与时间窗管理（time slot management，TSM）的研究是城市末端配送领域的研究热点[16]，时间窗管理研究主要面向送货上门交付，通常假设每个区域的需求是已知的并且独立于时间窗。考虑多种末端交付方式选择与配送时间窗分配联合决策的研究还比较少。本书试图回答在哪些位置开设自提柜、哪些区域提供自提服务、哪些区域提供送货上门、配送点的时间窗如何分配、车辆行驶路径如何安排等问题。

3.2 国内外研究现状

本书的研究涉及自提柜选址、时间窗管理、路径规划等方面。关于时间窗管理的研究可以参见引言部分，在此重点分析自提柜选址、路径规划的研究现状。

关于自提柜选址问题的研究，国外研究以定性分析为主，国内研究主要采用集合覆盖模型、全面空间作用模型、双层规划模型、多目标选址模型进行研究[7]。后来，有限理性和消费者选择理论被引入到自提柜选址研究中。例如，陈义友等考虑顾客取货距离和自提柜的吸引力，构造了顾客对自提柜的分段效用函数，并引入 Erlang – B 模型描述自提柜拥堵情形，构建了考虑顾客有限理性的自提柜选址模型[71]。陈义友等使用嵌套 Logit 模型描述顾客对于送货上门和自提柜服务的选择行为，在不考虑时间窗偏好的情形下，以单位时间运行成本最低和服务数量最大构建起多目标选址模型[72]。以上研究没有将自提柜选址与配送时间窗分配联合优化考虑，忽略了自提柜具有的配送时间灵活性特征。

路径优化方面，主要涉及定位—路径问题（location routing problems，LRP）和时间窗车辆路径问题（vehicle routing problem with time windows，VRPTW）。定位—路径问题是运营层面和运作层面联合优化的代表性问题之一，产生了大量的研究成果[73]。这些成果主要考虑配送中心或车场选址，即配送车辆的起点与终点。对于自提柜选址—路径规划问题的研究较少。周林等在不考虑顾客时间窗偏好的情形下，建立了集送货上门和自提柜服务于一体的多容量终端选址—多车型路径集成优化模型，并设计一种先“多容量选址—分配”再“多车型路径”的两阶段模拟退火启发式算法[74]。时间窗车辆路径问题是在经典 VRP 问题的基础上，引入客户最早和最晚服务时间约束，是典型的 NP 问题。该问题的研究包括两个方面：基于应用背景拓展新问题模型；优化精确或启发式求解算法，其中启发式算法是研究重点，包括混合算法、禁忌搜索算法、遗传算法、粒子群算法等[75]。根据时间窗约束是否严格遵守，VRPTW 问题可以分为软时间窗约束和硬时间窗约束，其中软时间窗约束（soft time windows）是指允许车辆对客户开始服务的时间违反时间窗约束，但需接受惩罚[76]。这类惩罚通常是以客户赔偿进行，考虑需求损失的情形还较少。

综上所述，关于自提柜选址的研究，没有将自提柜选址与时间窗分配联合考虑，忽略了自提柜具有的配送时间灵活性特征；关于时间窗管理的研究，主要面向送货上门服务，很少从配送路径规划层面考虑不同配送点配送时间窗的可行性。本书与现有研究的不同在于：基于配送点可行时间窗的路径依赖性以及自提柜的配送时间灵活性，考虑送货上门和自提柜两种末端交付方式，进行自提柜选址—配送时间窗分配—路径规划联合优化。

3.3　问题描述

在配送需求数量与末端交付和时间窗相关的情境下，考虑送货上门和自提柜两种末端交付方式，在单一配送中心—多个候选自提柜—多个配送点的路径网络结构中，研究自提柜选址—时间窗分配—路径规划问题（reception box location-time slot allocation-vehicle routing problems，RBL－TSA－VRP），如图 3－2 所示。

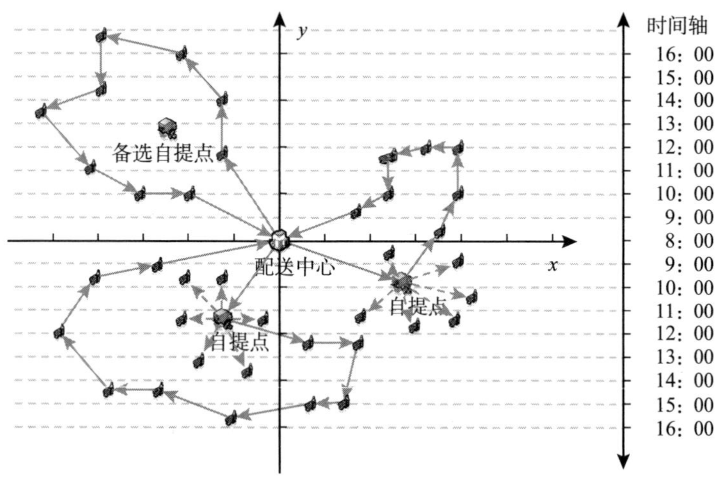

图 3－2　自提柜选址—时间窗分配—路径规划问题

RBL－TSA－VRP 问题可以如下定义：已知配送网络的节点和路径、备选自提柜的位置及固定建设成本、节点在不同末端交付方式和配送时间窗下配送需求、车辆载重等信息，考虑车辆起点和终点均在配送中心的约束下，以服务成本最小化和配送数量最大化为目标，解决以下问题：

①自提柜建设数量和位置；

②各配送点的末端交付方式选择：送货上门或自提柜服务；

③配送路径选择；

④各配送点的时间窗分配。

在 RBL－TSA－VRP 问题中，自提柜选址属于运作层面的优化问题，自提柜服务区域分配及车辆路径规划属于作业层面的问题，RBL－TSA－VRP 问题将运作层面和作业层面问题集成考虑。

3.4　数学模型

3.4.1　符号定义

$G=(N, A)$. 代表完整的有向图，表示整个配送网络；

N 代表节点集，$N=N_0\cup N_d\cup N_c$，其中 N_0 代表配送中心，N_d 代表备选自提柜集合，N_c 代表配送节点集合；

A 代表弧集，$A=\{(i, j): i, j\in N, i\neq j\}$；

d_{ij}代表弧（i, j）的行驶距离；

t_{ij}代表弧（i, j）的行驶时间；

t_{si}代表配送节点 i 的服务时间，$i\in N_c$；

t_{ai}代表配送节点 i 的到达时间或配送时间，$i\in N_c$；

S 代表配送时间窗集合，$S=\{(e_s, l_s)\}$，其中 $s=0$ 表示无时间窗约束，e 代表开始服务的最早时间，l 代表停止接受服务的时间；

q_{is}代表配送节点 i 在时间窗 s 的配送服务需求；

$K=\{1, 2, 3, \cdots, k\}$ 代表配送中心的车辆集合；

F_d 代表在候选点 d 设置自提柜的固定费用，其中 $d\in N_d$；

F_v 代表使用车辆的固定费用；

c 代表单位配送距离的成本；

C 代表车辆载重能力。

若无特殊说明，本书都采用以上符号定义。

3.4.2 需求模型

对于任意节点 i，在时间窗 $.s.$ 内采用送货上门交付时，其初始配送服务需求为 q_{is}，是节点 i 的最大配送需求数量。节点 i 的实际配送需求受两个因素影响：末端交付方式和实际配送时间。

1. 末端交付方式对节点 i 配送服务需求的影响

对于送货上门和自提柜两种末端交付方式，距离是影响顾客偏好的重要因素之一[7]。送货上门可以视为服务距离为 0 的自提柜交付方式。设 N_{cd} 代表采用送货上门交付的配送节点集合，N_{cb} 代表采用自提柜交付的配送节点集合，$.N_{cd} \cup N_{cb} = N_c.$。假设节点 i 的实际配送数量 $q_{id(j)}$ 是自提柜 j 与节点 i 距离的分段负幂函数关系，如式（3.1）所示，其中 α_1 为自提距离影响因子。其中，d_{ij} 表示节点 j 到自提柜 i 的距离，实际配送需求与服务距离之间成反比关系，当服务距离越小，实际配送需求愈接近初始配送需求，反之，则实际配送需求越少。

$$q_{id(j)} = q_{is} f_d(d_{ij}) = \begin{cases} q_{is} & i \in N_{cd} \\ q_{is} d_{ij}^{-\alpha_1} & i \in N_{cb},\ j \in N_d \end{cases} \tag{3.1}$$

2. 实际配送时间 t_{ai} 对节点 i 配送服务需求的影响

设节点 i 偏好的配送时间窗为 $[e_i,\ l_i]$，实际配送需求 q_{it^τ} 是配送时间误差 t^τ 的分段负幂函数，如式（3.2）所示，其中 α_2，α_3 为配送时间误差影响因子。实际配送需求与配送时间误差之间成反比关系，当配送时间误差越小，实际配送需求愈接近初始配送需求，反之，则实际配送需求越少。

$$q_{it^\tau}=q_{is}f_t(t^\tau)=\begin{cases}q_{is}(e_i-t_{ai})^{-\alpha_2} & t_{ai}<e_i\\ q_{is} & e_i\leqslant t_{ai}\leqslant l_i\\ q_{is}(t_{ai}-l_i)^{-\alpha_3} & t_{ai}>l_i\end{cases}\tag{3.2}$$

3. 考虑末端交付和配送时间的配送服务需求函数

考虑送货上门和自提柜两种末端交付方式，采用自提柜距离衡量末端交付方式对顾客选择的影响。假设自提柜距离和配送时间误差对顾客选择的影响因子分别为 β_1 和 β_2，节点 i 的配送服务需求函数如式（3.3）所示。其中，min{ } 表示取最小值，约束节点 i 的实际配送需求不超过初始需求。

$$q_i'=q_{is}f_{dt}(t^\tau,\ d_{ij})=q_{is}\min\{1,\ \beta_1 f_d(d_{ij})+\beta_2 f_t(t^\tau)\}\tag{3.3}$$

3.4.3 决策变量

网络行驶方案：

$$x_{ij}^k=\begin{cases}1, & 车辆\ k\ 从节点\ i\ 行驶到节点\ j\\ 0, & 其他\end{cases}\tag{3.4}$$

网络配送方案：

$$y_i^{ks}=\begin{cases}1, & 车辆\ k\ 在\ s\ 时间窗服务节点\ i\\ 0, & 其他\end{cases}\tag{3.5}$$

$$z_{mi}=\begin{cases}1, & 自提柜\ m\ 服务节点\ i\\ 0, & 其他\end{cases}\tag{3.6}$$

3.4.4 目标函数

决策目标Ⅰ：配送数量最大化

$$\max \sum_{k \in K} \sum_{s \in S} \left\{ \sum_{i \in N_c} [y_i^{ks} q_{is} f_t(t^\tau)(1 - \sum_{m \in N_d} z_{mi})] + \sum_{m \in N_d} \sum_{i \in N_c} y_m^{ks} q_{is} f_{dt}(t^\tau, d_{im}) z_{mi} \right\} \tag{3.7}$$

其中，第一部分表示送货上门服务的节点需求数量总和，此时节点需求数量仅受实际配送时间影响，$1 - \sum_{m \in N_d} z_{mi}$ 表示节点 i 不被任何备选自提柜服务，第二部分表示通过自提柜服务的顾客需求数量总和，此时节点 i 需求数量受末端交付和时间误差联合影响。

决策目标Ⅱ：配送成本最小化

$$\min \sum_{k \in K} \left(c \sum_{(i,j) \in A} d_{ij} x_{ij}^k + F_v \sum_{j \in N_{c \cup d}} x_{0j}^k \right) + F_d \sum_{m \in N_d} \bigcup_{j \in N_c} z_{mj} \tag{3.8}$$

其中，第一部分表示运输成本，第二部分表示启用车辆的固定成本，第三部分表示启用自提柜的固定成本。

3.4.5 约束条件

$$\sum_{k \in K} \sum_{s \in S} y_i^{ks} + \sum_{m \in N_d} z_{mi} = 1, \forall i \in N_c \tag{3.9}$$

约束（3.9）表示所有的节点都被服务，且送货上门和自提柜服务有且仅有一项。

$$\sum_{t \in N, t \neq i, j} x_{ti}^k - \sum_{j \in N, j \neq i, t} x_{ij}^k = 0, \forall i \in N, k \in K \tag{3.10}$$

约束（3.10）表示网络节点流量平衡。

$$\sum_{j \in N_d \cup N_c} x_{0j}^k = \sum_{j \in N_d \cup N_c} x_{j0}^k = 1, \forall k \in K \tag{3.11}$$

约束（3.11）表示所有车辆必须从配送中心出发并回到配送中心。

$$\sum_{j \in N_d \cup N_c} x_{it}^k \geqslant y_t^{ks}, \sum_{j \in N_d \cup N_c} x_{tj}^k \geqslant y_t^{ks}, \forall k \in K, s \in S, t \in N_{cd} \tag{3.12}$$

约束（3.12）表示送货上门服务的节点必须有车辆进入和离开。

$$\sum_{j \in N_d \cup N_c} x_{jt}^k \geqslant \sum_{i \in N_{cb}} z_{ti}, \sum_{j \in N_d \cup N_c} x_{tj}^k \geqslant \sum_{i \in N_{cb}} z_{ti}, \forall k \in K, t \in N_d \tag{3.13}$$

约束（3.13）表示选中的自提柜必须有车辆进入和离开。

$$\sum_{s \in S} \left\{ \sum_{i \in N_c} [y_i^{ks} q_{is} f_t(t^\tau)(1 - \sum_{m \in N_d} z_{mi})] + \sum_{m \in N_d} \sum_{i \in N_c} y_m^k q_{is} f_{dt}(t^\tau, d_{im}) z_{mi} \right\} \leqslant C, \forall k \in K \tag{3.14}$$

约束（3.14）表示车辆载重约束。

$$x_{ij}^k (t_{ai} + y_i^{ks} t_{si} - t_{aj}) \leqslant 0, \quad \forall k \in K, \quad \forall (i, j) \in A \tag{3.15}$$

约束（3.15）表示车辆到达时间。

$$\sum_{i,j \in N} x_{ij}^k \leqslant |V_k| - 1, \forall k \in K \tag{3.16}$$

约束（3.16）避免车辆出现子回路。V_k 表示车辆 k 访问的包含配送中心的节点集合。

$$x_{ij}^k \in \{0, 1\}, \quad \forall i, j \in N, k \in K \tag{3.17}$$

$$y_i^{ks} \in \{0, 1\}, \quad \forall i \in N, k \in K, s \in S \tag{3.18}$$

$$z_{mi} \in \{0, 1\}, \quad \forall m \in N_D, i \in N_C, k \in K \tag{3.19}$$

约束（3.17）~约束（3.19）表示决策变量的取值范围。

3.5 算法设计

RBL－TSA－VRP 问题是集成了选址和车辆路径规划两个 NP 子问题的联合优化问题。本节采用多目标粒子群算法（multiple objective particle swarm optimization，MOPSO）构造全局搜索算法。该算法采用非支配排序和动态网格等技术，通过设计合理的粒子群多样性维持策略和粒子群全局最优值更新操作，获取问题的帕累托解集[77,78]。算法流程如图 3－3 所示。

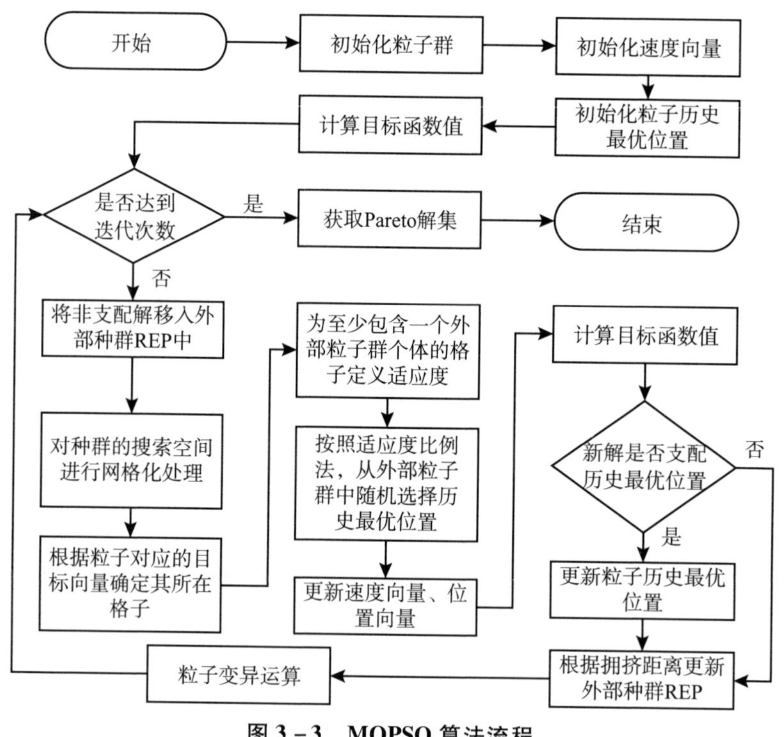

图 3－3　MOPSO 算法流程

MOPSO 算法流程如下：

Step1（步骤 1）：初始化。初始化外部粒子群、速度向量和粒子历史最优位置：粒子速度初值为 0，粒子历史最优位置等于粒子初始位置，分别计算配送数量和配送距离目标函数值，初始化外部粒子群为空，迭代次数设置为 0；

Step2（步骤 2）：算法结束条件判断。若进化次数达到既定次数，则以获取的外部粒子群作为帕累托解集，结束算法；若未达到既定次数，转 Step3 执行；

Step3（步骤 3）：根据非支配排序，将非支配解移入外部粒子群中[18]；

Step4（步骤 4）：判定外部粒子群容量限制。若超出容量限制，根据拥挤距离进行排序[18]，剔除多余粒子；

Step5（步骤 5）：通过动态网格产生全局最优位置。首先以配送数量和配送距离构建二维网格，对外部粒子群进行网格化处理；为至少包含一个粒子的网格进行适应度赋值，所附适应度等于某个固定值除以网格内粒子数量；然后使用适应度比值法，确定某个网格；最后随机从该网格中挑选全局历史最优位置；

Step6（步骤 6）：更新速度向量和位置向量；

Step7（步骤 7）：计算新种群的目标函数值；

Step8（步骤 8）：根据新解是否支配粒子历史最优位置，更新粒子历史最优位置。转向 Step2。

粒子群算法是一种性能优异的全局搜索启发式算法，是路径优化问题重要的求解工具之一[79]。与适用于单目标优化的基本 PSO 算法相比，MOPSO 算法借鉴了非支配排序思想，更改了种群更新、粒子最优位置选择、全局最优位置选择等重要流程。非支配排序是粒子群算法获取多目标帕累托解集的主流方法[78]。与此同时，引入了动态网格技术，使得采用的 MOPSO 算法保持了基本 PSO 算法搜索速度快、求解质量高的特点；建立了随机变异机制，对粒子位置产生小范围扰动，以增强算法的全局搜索能力，避免算法收敛过快、搜索范围受限以及陷入局部最优等问题[77]。本节将说明 MOPSO 算法的编码及初始种群构造方案，以应用于自提柜选址—时间窗分配—路径规划多目标问题求解。

3.5.1 编码

每个初始解的编码由三个部分构成：自提柜选址、自提柜服务区域分配和车辆行驶路径。假设备选自提柜集合 N_d 的数量为 m，配送节点集合 N_c 的数量为 n，则每个初始解的编码维度为 $1+n+3\times m$ 维。

1. 自提柜选址编码

自提柜选址编码由 $1+m$ 维表示。其中，m 维对应 m 个备选自提柜，采用实数编码方式；第 $1+m$ 维代表备选点选择阈值：当备选自提柜对应维度的实数值大于备选点选择阈值时，该备选点将建立自提柜。例如，拥有 5 个备选自提柜的选址编码如表 3－1 所示，前 5 个维度分别对应 5 个备选自提柜，第 6 个维度对应备选点选择阈值，则该编码的含义为 1 号和 5 号备选点将建立自提柜。

表 3-1　　　　自提柜选址编码实例（5个备选点）

维度	1	2	3	4	5	6
编码	0.75	0.54	0.32	0.43	0.9	0.7

2. 自提柜服务区域分配编码

自提柜服务区域分配由 m 维表示，m 维对应 m 个备选自提柜，采用实数编码方式。每个维度上的实数值代表对应备选点的辐射半径，即在辐射半径范围内的节点仅提供自提服务。该服务半径仅在对应备选点被选中建立自提柜的情形下有效。

3. 车辆行驶路径编码

车辆行驶路径编码参考吴斌等（2009）[79]，由 $m+n$ 维表示，分别代表 m 个备选自提柜和 n 个节点。在剔除未被选中的自提备选点后，对于向量的每一维，其整数部分表示所在的车辆，整数部分相同的表示由同一辆车配送，小数部分的升序排列表示节点在该车辆中配送的次序。

3.5.2 初始种群生成

根据问题特点，自提柜服务区域分配和车辆行驶路径均依赖于自提柜选择，因此首先随机产生自提柜备选点选择阈值和各备选点对应维度的实数值，确定自提柜选址；然后随机产生服务半径，形成自提柜服务区域；最后，产生配送路径实数串，形成配送路径。此方法，可以保证初始种群满足约束，提高初始种群在有效解空间内的分布密度，提升种群质量。

3.5.3 约束处理

RBL－TSA－VRP 问题涉及的约束众多，包括服务约束、网络节点流量平衡、车辆起始点、到达时间、子回路约束等。根据编码方案，每个车辆访问点对应一个权重，配送车辆编号和顺序通过权重整数部分和小数部分分离，以整数部分作为车辆编号，以小数部分的升序排列作为车辆访问顺序，较容易满足路径网络流及车辆起始点的相关约束。需要额外处理的约束主要是车辆载重约束，采用罚函数方法解决。

3.6 仿真分析

3.6.1 算例数据

由于 RBL－TSA－VRP 问题是全新的集成优化问题，本节以 Soloman 标准库中的 RC201 算例为基础构建测试算例①。RC201 算例总共拥有 100 个节点，节点的分布呈现随机和聚集相结合的趋势，其位置分布如图 3－4 所示。设计的算例从图中 6 个节点较密集的区域中选择了 16 个节点作为自提柜备选点。算例涉及的相关参数如表 3－2 所示。

① http：//w. cba. neu. edu/～msolomon/problems. htm.

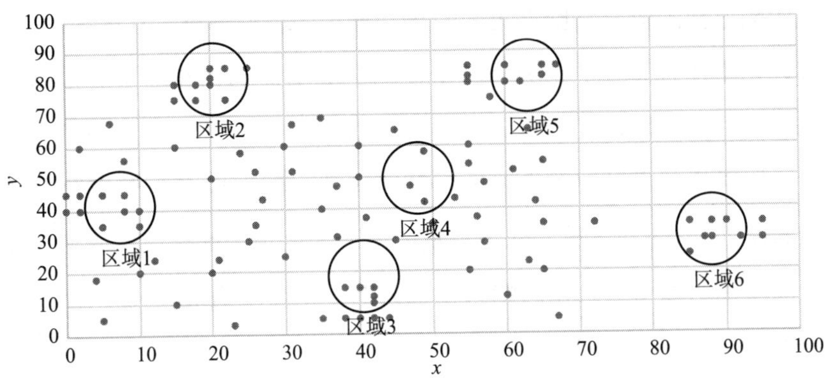

图 3－4　RC201 算例散点图

表 3－2　相关参数设置

参数	值
配送时间误差影响因子	0.01
配送时间误差影响因子	0.01
自提距离影响因子	0.25
配送时间误差影响因子	0.5
自提柜距离影响因子	0.9
车辆载重能力	400
车辆固定成本	300
自提柜固定成本	600

3.6.2　算例求解结果

MOPSO 算法获取的帕累托解集如图 3－5 所示，其中横轴表示配送服务成本，纵轴表示配送满足的需求数量，叉号点集为算法获取的帕累托解集合，圆点集为粒子群算法的种群集合。从图3－5可知，帕累托解集合中无法分离出在配送成本最小化和配送数量最大化两个目标上均占优的解。

帕累托解集以配送成本进行升序排列，配送成本与配送数量的增长率如图3－6所示。配送数量的增加幅度小于配送成本的增长速度。以配送数量最大化的帕累托解为例，提高配送成本47%仅仅换来19%的配送数量增长。

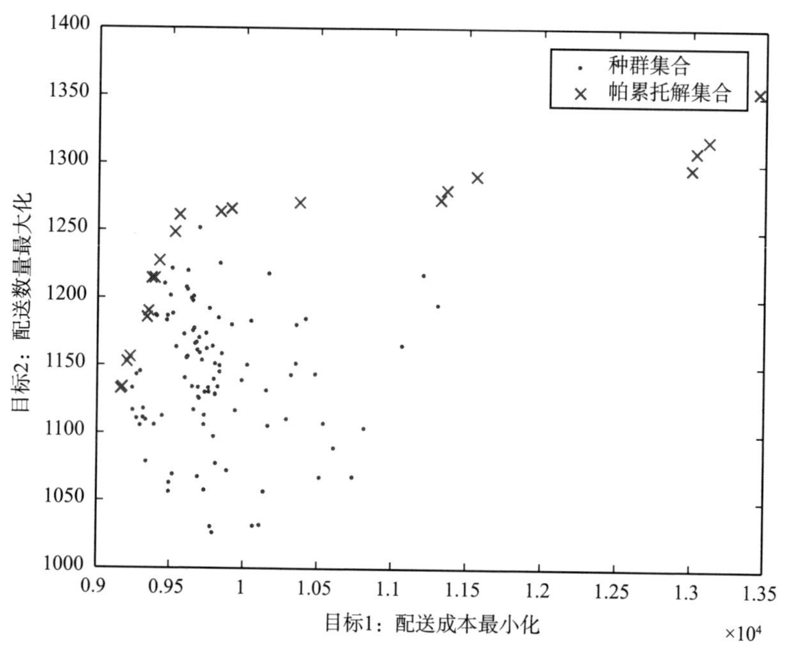

图3－5　配送数量最大化和成本最小化的帕累托解集

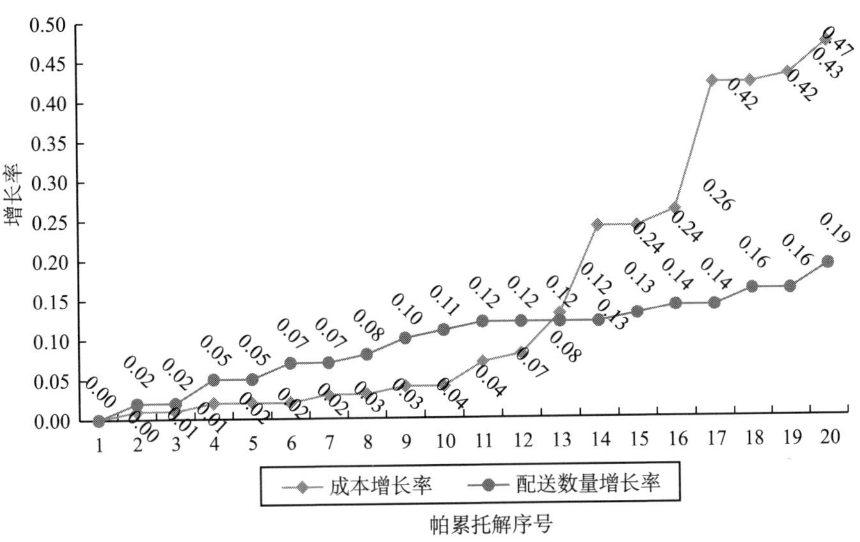

图3-6　帕累托解的配送数量与配送成本增长率

1. 方案Ⅰ：配送成本最小

该方案的配送成本为9158.6，使用7辆车辆，建立7个自提柜，实现配送数量1133.08，占总需求量1724的65.7%。其中车辆配送路径如图3-7所示，自提柜设置方案及服务区域如图3-8所示。

2. 方案Ⅱ：配送数量最大

该方案的配送成本为13457.76，使用11辆车辆，建立11个自提柜，实现配送数量1353.40，占总需求量1724的78.5%。其中车辆配送路径如图3-9所示，自提柜设置方案及服务区域如图3-10所示。

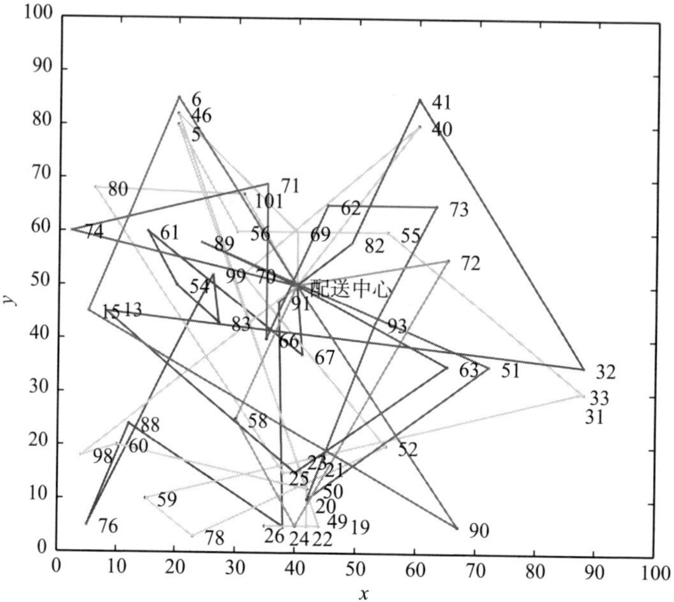

图 3-7　配送成本最小的路径

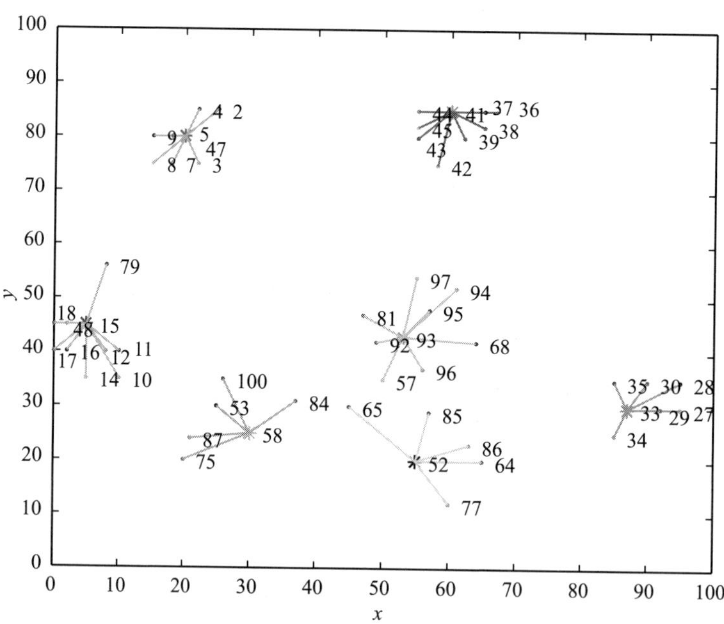

图 3-8　配送成本最小的自提柜选址及服务节点

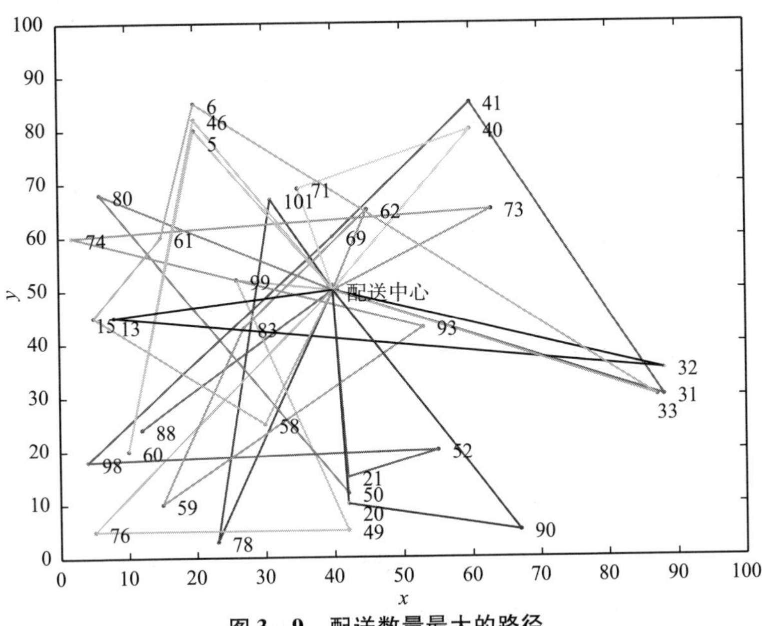

图 3-9　配送数量最大的路径

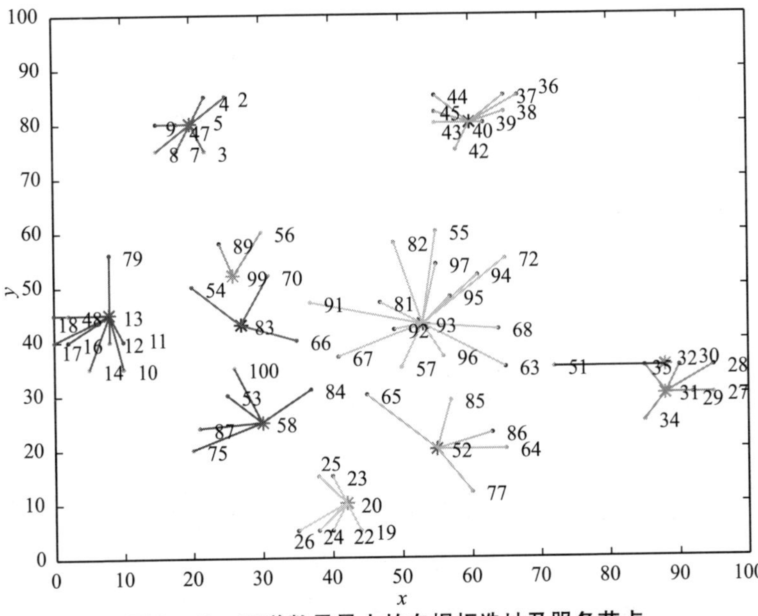

图 3-10　配送数量最大的自提柜选址及服务节点

综上，配送数量最大化和配送成本最小化两个目标之间需要进行平衡。为了实现配送数量最大化，应该建立更多的自提柜、使用更多的车辆参与配送，也就带来了更高的配送服务成本。相反，为了节约配送服务成本，应该减少设置自提柜，压缩参与配送的车辆数目，同时也就减少了配送数量。

3.6.3 自提柜距离影响因子灵敏性分析

自提柜距离影响因子描述顾客对自提柜步行距离的敏感度。在步行距离相同的情形下，自提柜距离影响因子越大，则顾客越偏好送货上门，选择自提柜服务的比率越小。本节主要分析自提柜距离影响因子对成本、配送数量、自提柜数量和配送车辆的影响。

图3－11～图3－14显示，随着顾客对自提柜距离敏感度逐渐增加，配送成本最小和配送数量最大两种不同决策偏好下，配送成本和配送数量均在下降，对应的自提柜数量也在逐渐减少，但车辆

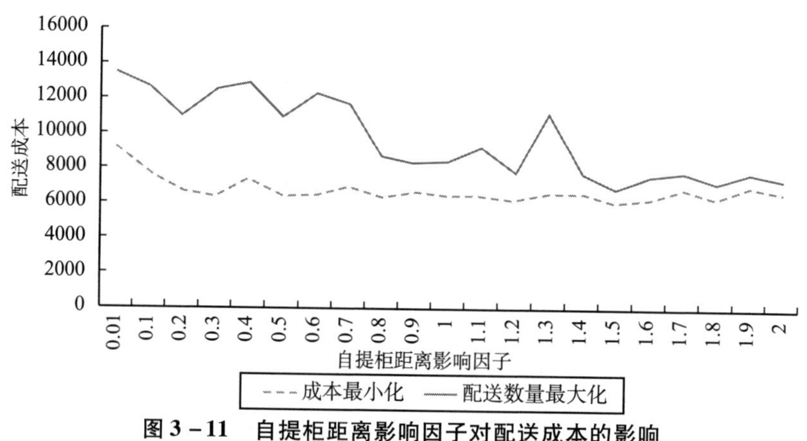

图3－11 自提柜距离影响因子对配送成本的影响

数量的变化趋势不明显。其中，横坐标轴为分类轴，其数值代表仿真实验中分析参数的取值。

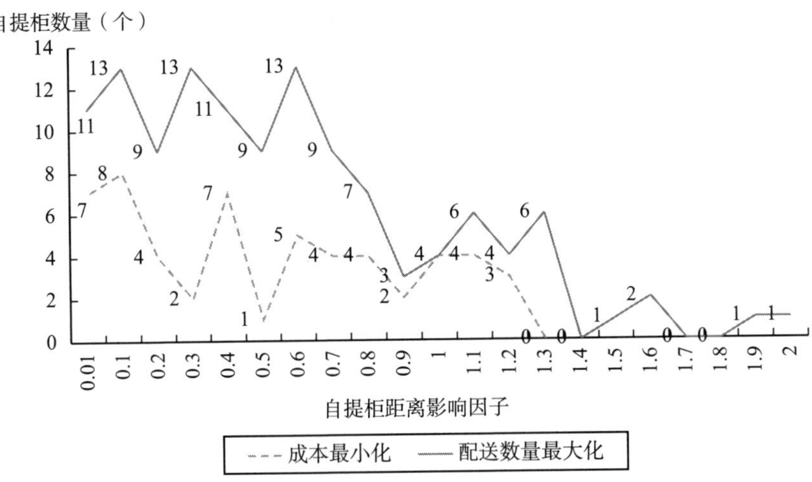

图3-12　自提柜距离影响因子对自提柜数量的影响

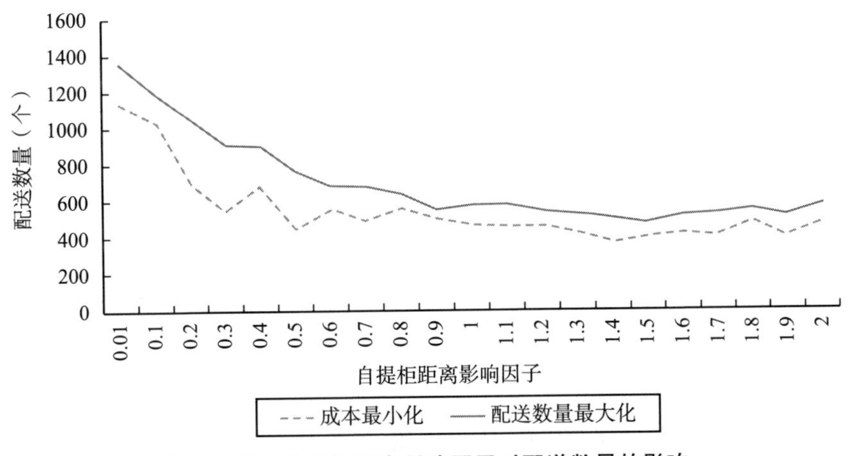

图3-13　自提柜距离影响因子对配送数量的影响

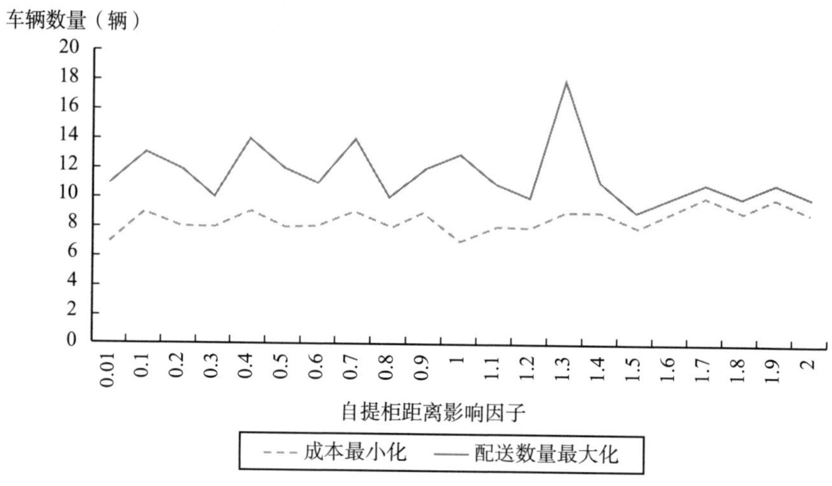

图 3－14　自提柜距离影响因子对车辆数量的影响

由图3－11～图3－14可知，随着顾客对自提柜距离敏感度逐渐增加，顾客愿意选择自提柜服务的比率逐渐下降，配送成本最小和配送数量最大两种配送方案下，都应减少自提柜数量，尽量采用送货上门服务，以规避顾客对自提柜敏感度增加而带来的运营风险；随着自提柜建设数量的减少，在降低了自提柜构建成本的同时，总成本也在逐渐下降；送货上门服务的增加，也使顾客准时配送的实现率逐渐下降，两种配送方案下配送数量也在逐渐下降。因此，在顾客对自提柜距离敏感的情形下，无论是偏好配送成本最小化还是配送数量最大化，均应减少自提柜的建设数量，偏向于提供送货上门服务。

3.6.4　配送时间误差影响因子敏感性分析

配送时间误差影响因子描述顾客对配送准时性的偏好。配送时间误差影响因子越大，则顾客对配送延误的忍耐力越差，更倾向于减少配送服务需求。本节分析配送时间误差影响因子对成本、配送数量、自提柜数量和配送车辆的影响。

随着配送时间误差影响因子逐渐增加，顾客对配送时间误差的敏感度越来越高，在相同时间偏差的情形下，愿意接受的配送数量越来越少。由图3－15～图3－18可知，配送成本最小和配送数量最大两种配送方案下，实现的配送数量逐渐减少。随着顾客配送时间误差敏感度的提高处于不停波动的变化态势，配送成本、参与配送的车辆和自提柜数量的变化趋势不太显著。因此，在顾客对配送时间误差敏感的情形下，配送成本最小化和配送数量最大化两种配送目标偏好，面临配送成本的约束，即使调整配送车辆和自提柜的配置也无法避免配送数量的下降。

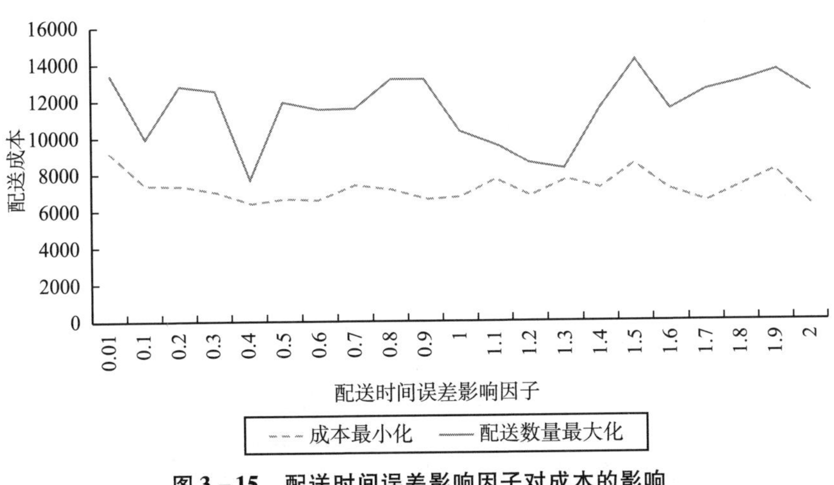

图3－15 配送时间误差影响因子对成本的影响

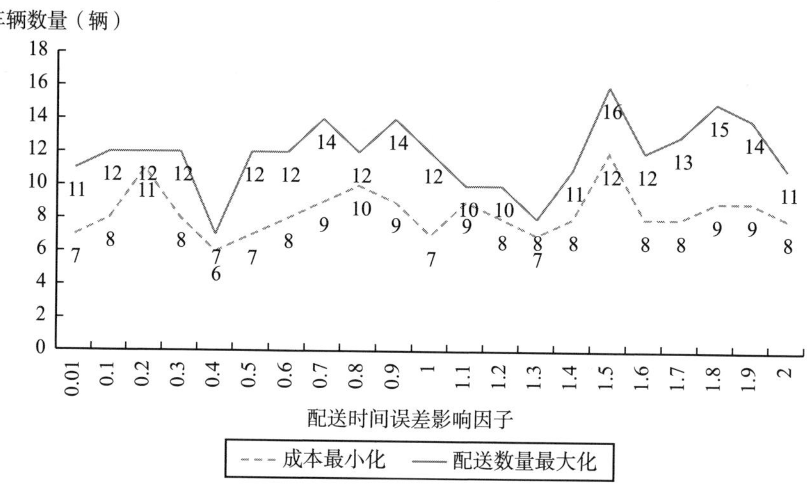

图 3－16　配送时间误差影响因子对车辆数量的影响

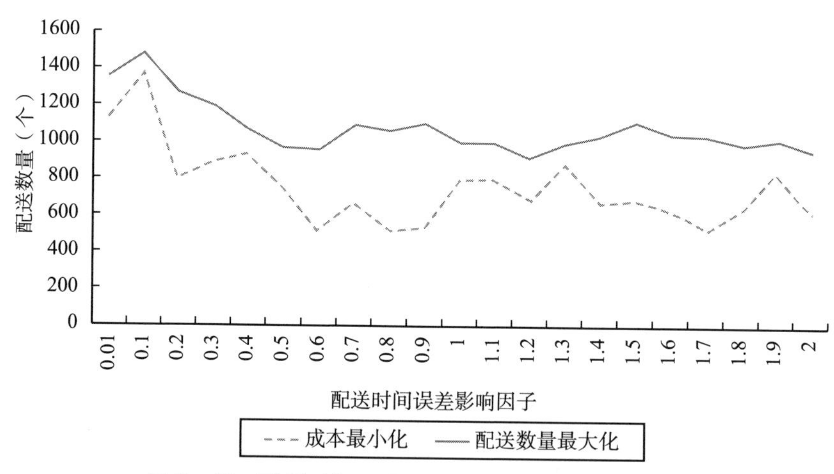

图 3－17　配送时间误差影响因子对配送数量的影响

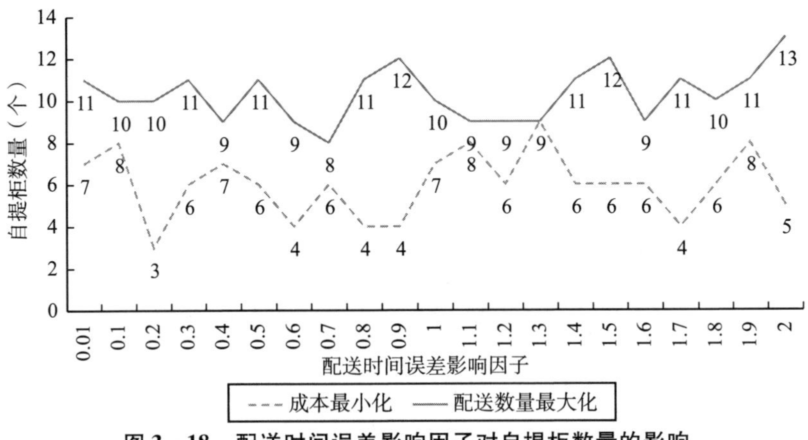

图3-18　配送时间误差影响因子对自提柜数量的影响

3.7　小　　结

基于末端交付和配送时间窗对城市配送服务需求进行细分，是第三方物流企业进行配送服务收益管理的前提。在城市配送需求依赖末端交付与时间窗下，基于自提柜选址及配送路径对末端交付和配送时间窗分配的相关性，考虑配送数量最大化和配送成本最小化，构建了自提柜选址—时间窗分配—路径规划多目标联合优化问题。研究表明：帕累托解集中无法分离出在两个目标上均占优的解，配送数量最大化和配送成本最小化两个目标之间需要进行平衡；随着顾客对自提柜距离敏感度的逐渐增加，顾客愿意选择自提柜服务的比率逐渐下降，配送成本最小和配送数量最大两种配送方案，都应减少自提柜数量，尽量采用送货上门服务；在顾客对配送时间误差敏感的情形下，配送成本最小化和配送数量最大化两种配送目标偏好，均面临配送成本的约束，配送车辆和自提柜的配置对时间误差变化并不敏感，均无法避免配送数量的下降。

第 4 章

末端交付方式和时间窗选择相关的城市配送自提柜选址—路径问题研究

4.1 引　　言

末端交付方式（last mile delivery）和配送时间窗（time slot）是顾客选择城市配送服务的重要决策变量，是创新城市配送服务产品的重要维度，也是约束城市配送服务效率和成本的重要因素[20,70]。现有末端交付方式包括：送货上门（attended home delivery，AHD）、自提柜（reception box，RB）和自提点（collection and delivery points，CDPs）等[20,70]。随着电子商务及餐饮、生活服务、零售等O2O（offline to online）商业形态的快速崛起，顾客对末端交付方式与交付时间越来越敏感，在选择末端交付方式和交付时间窗时，面对不同的配送选项，选择决策往往具有相关性[7]。例如，顾客选择送货上门服务时，由于物品接收需要有人值守，往往对配送准时性有较高要求，不同配送时间窗之间的替代性较小；顾客选择自提柜服务时，由于物品接收无需有人值守，往往对配送的准时性要求较低，通常仅仅约束配送到达的最晚时间，不同配送时间窗之间的替代性较大。在设计城市配送末端配送方案时，需要基于顾客对末端交付方式和配送时间窗的选择相关性，优化设计自提柜选址及配送时间窗配置方案，实现城市配送供需双方的双赢。

目前对城市配送消费者选择行为的研究主要采用多项选择模型（multinomial choice models）来描述顾客面对不同配送选项的选择性差异。对于不同配送时间窗的选择性偏好，陈淮莉和魏云飞等考虑了时间窗定价、时间窗宽度等因素对顾客选择行为的影响，基于效用理论和多项式选择模型构建了顾客时间窗选择概率模型[80]。对于自提柜选址，陈义友等采用 MNL 模型刻画顾客对于自提点的有限理性选择行为，刻画了顾客到不同自提点接受服务的有限理性行为，考虑自提点的拥堵情形、顾客取货距离和自提点吸引力等因素[71,81]。从已有文献看，目前还缺乏综合考虑配送时间窗和末端交付方式选择性差异和相关性行为的研究。

综上，鉴于顾客在选择末端交付方式和交付时间窗时决策的相关性，本章基于嵌套 Logit 选择模型刻画消费者选择城市配送服务的行为，考虑配送点可行时间窗的路径依赖性以及自提柜的配送时间灵活性，将自提柜选址—时间窗分配—路径规划问题进行集成优化，试图回答在哪些位置开设自提柜、哪些区域提供自提服务、哪些区域提供送货上门、配送点的时间窗如何分配、车辆行驶路径如何安排等问题。

4.2 问题描述

考虑送货上门和自提柜两种末端交付方式，在单一配送中心—多个候选自提柜—多个配送点的路径网络结构中，研究自提柜选址—时间窗分配—路径规划问题（reception box location-time slot allocation-vehicle routing problems，RBL – TSA – VRP），如图 3 –2 所示。

详情参见 3. 3 节。

4.3 考虑末端交付和时间窗的嵌套 Logit 选择模型

顾客在末端交付方式之间的选择行为与不同配送时间窗之间的选择行为存在差别。在面对送货上门与自提柜服务时，不同末端交付方式带来的感知效用是影响顾客选择的重要因素。在面对不同配送时间窗时，实际需求时间是决定顾客选择的重要因素之一。为了区分顾客在选择末端交付方式和配送时间窗的相关性，使用两层嵌套 Logit 选择模型描述顾客选择城市配送服务的行为，如图 4 –1 所示。

在送货上门和自提柜两种末端交付方式下，顾客选择不同配送时间窗，获取了随机效用 $U_{ds} = L_d + T_{ds} + \varepsilon_{ds}$，$L_d$ 和 T_{ds} 为可观测的效用，ε_{ds} 为不可观测的随机效用。L_d 代表顾客选择不同末端交付方式带来的效用，$d = 1$ 代表送货上门，$d = 2$ 代表自提柜服务，$d \in \{1,$

2}；T_{ds}代表顾客在不同末端交付方式下选择不同配送时间窗带来的效用，S 代表所有可行时间窗集合，s 代表可行的配送时间窗，$s \in \{1, 2, \cdots, S\}$；$\varepsilon_{ds}$代表不可观测的随机效用，服从参数为 θ_d、累计分布为 $\exp(-\sum_{d=1}^{D}(\sum_{s=1}^{S} e^{-\varepsilon_{ds}/\theta_d})^{\theta_d})$ 的广义极值分布。尺度参数 θ_d 表明了选项相关性大小。在构建的城市配送两层嵌套 Logit 选择模型中，θ_d 表示不同配送时间窗间的替代性。当 $\theta_d = 1$ 时，不同配送时间窗之间完全不相关，嵌套 Logit 选择模型转换为多项 Logit 模型（multinomial logit model，MNL）。

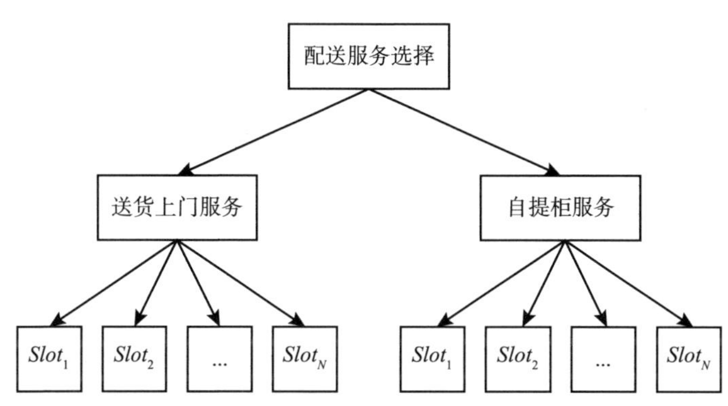

图 4-1　城市配送两层嵌套 Logit 选择模型

L_d 与两种末端交付方式对应的顾客服务体验相关，体现在自提柜距离、客户隐私等方面。主要考虑自提柜距离的影响，假设 L_d 与自提柜距离 d 呈负相关的线性关系，即 $L_d = -\alpha d$。其中，送货上门 $d = 1$ 可以视为自提柜距离为 0 的特殊情形。

T_{ds}与配送货物的类别及顾客心理相关，体现在餐食、食品、日用品等配送物品的类别差异、顾客心理、配送价格等方面。主要考虑实际配送时间窗与期望配送时间窗之间配送时间差 t_{ds} 的影响，假设 T_{ds} 与配送时间差 t_{ds} 呈负相关的线性关系，即 $T_{ds} = -\beta_1 t_{ds}$。

在顾客追求自身效用最大化的情形下，顾客选择第 D 种交付方式的概率如式（4.1）所示。

$$p_d = \frac{e^{-\alpha d - \theta_d \ln(\sum_{j \in S} e^{-\beta_1 t_{ds}/\theta_d})}}{\sum_{i \in D} e^{-\alpha d - \theta_d \ln(\sum_{j \in S} e^{-\beta_1 t_{ds}/\theta_d})}} \tag{4.1}$$

顾客选择第 D 种交付方式下第 s 个时间窗进行配送的概率如式（4.2）所示。

$$p_{sd} = p_{s \mid d} \cdot p_d = \frac{e^{-\beta_1 t_{ds}/\theta_d}}{\sum_{j \in S} e^{-\beta_1 t_{ds}/\theta_d}} \cdot p_d \tag{4.2}$$

4.4 城市配送自提柜选址—路径问题模型

4.4.1 决策变量

网络行驶方案：

$$x_{ij}^{k} = \begin{cases} 1, & \text{车辆 } k \text{ 从节点 } i \text{ 行驶到节点 } j \\ 0, & \text{其他} \end{cases} \tag{4.3}$$

网络配送方案：

$$y_{i}^{ks} = \begin{cases} 1, & \text{车辆 } k \text{ 在 } s \text{ 时间窗服务节点 } i \\ 0, & \text{其他} \end{cases} \tag{4.4}$$

$$z_{mi} = \begin{cases} 1, & \text{自提柜 } m \text{ 服务节点 } i \\ 0, & \text{其他} \end{cases} \tag{4.5}$$

4.4.2 目标函数

决策目标Ⅰ：配送数量最大化

记配送数量为 Q，根据嵌套 Logit 选择模型，各节点的需求数量取决于末端交付方式及实际配送时间。

$$\max \sum_{k \in K} \sum_{s \in S} \left\{ \sum_{i \in N_c} \left[y_i^{ks} q_{is} p_{s1} \left(1 - \sum_{m \in N_d} z_{mi}\right) \right] + \sum_{m \in N_d} \sum_{i \in N_c} y_m^{ks} q_{is} p_{s2} z_{mi} \right\} \tag{4.6}$$

其中，第一部分表示送货上门服务的节点需求数量总和，$1 - \sum_{m \in N_d} z_{mi}$ 表示节点 i 不被任何备选自提柜服务，第二部分表示通过自提柜服务的节点需求数量总和。

决策目标Ⅱ：配送成本最小化

$$\max \sum_{k \in K} \left(c \sum_{(i,j) \in A} d_{ij} x_{ij}^k + F_v \sum_{j \in N_{c \cup d}} x_{0j}^k \right) + F_d \sum_{m \in N_d} \bigcup_{j \in N_c} z_{mj} \tag{4.7}$$

其中，第一部分表示运输成本，第二部分表示启用车辆的固定成本，第三部分表示启用自提柜的固定成本。

约束条件参见 3.4.5 节。

4.5 仿真结果分析

4.5.1 算例数据

由于 RBL – TSA – VRP 问题是新的集成优化问题，本节以带时间窗车辆路径问题 Soloman 标准库中 RC201 算例为基础构建测试算例。详情参见 3.6.1 节的描述。算例涉及的相关参数如表 4－1 所示。

表 4－1　　　　相关参数

参数	值
距离影响因子	0.005
时间误差影响因子	0.001
送货上门服务尺度因子	0.91
自提柜服务尺度因子	0.004
车辆载重能力	600
车辆固定成本	300
自提柜固定费用	400
MOPSO 进化次数	100
种群数量	100
惯性变量	0.73
自我学习因子	1.50
全局学习因子	1.50

4.5.2 算例求解结果

使用3.5 节设计的多目标粒子群算法 MOPSO 求解问题。获取的帕累托解集如图 4－2 所示，其中横轴表示配送服务成本，纵轴表示配送满足的需求数量，叉号点集为算法获取的帕累托解集合，圆点集为粒子群算法的种群集合。从图 4－2 可知，帕累托解集中无法分离出在配送成本最小化和配送数量最大化两个目标上均占优的解。

帕累托解集以配送成本进行升序排列，配送成本与配送数量的增长率如图 4－3 所示。配送数量的增加速度小于配送成本的增长速度。以配送数量最大化的帕累托解为例，提高配送成本 59% 仅仅换来34%的配送数量增长。

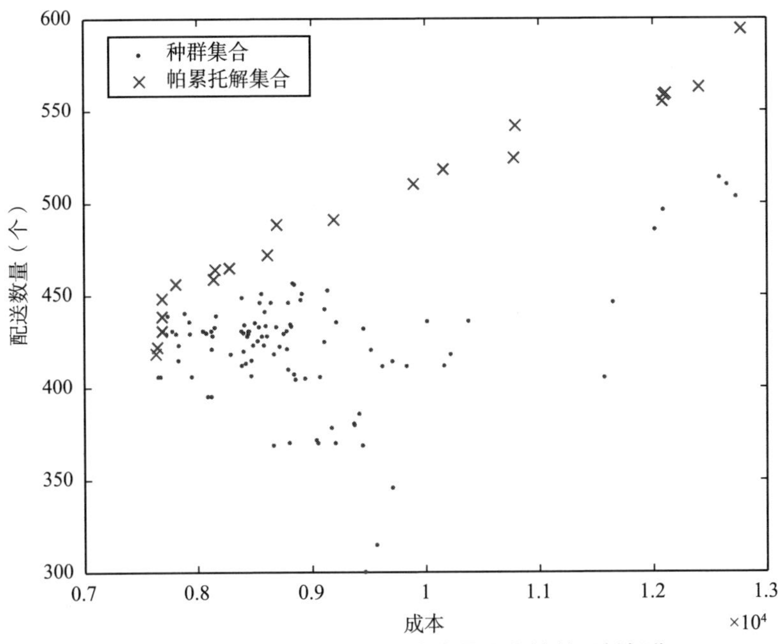

图4-2　配送数量最大化和成本最小化的帕累托解集

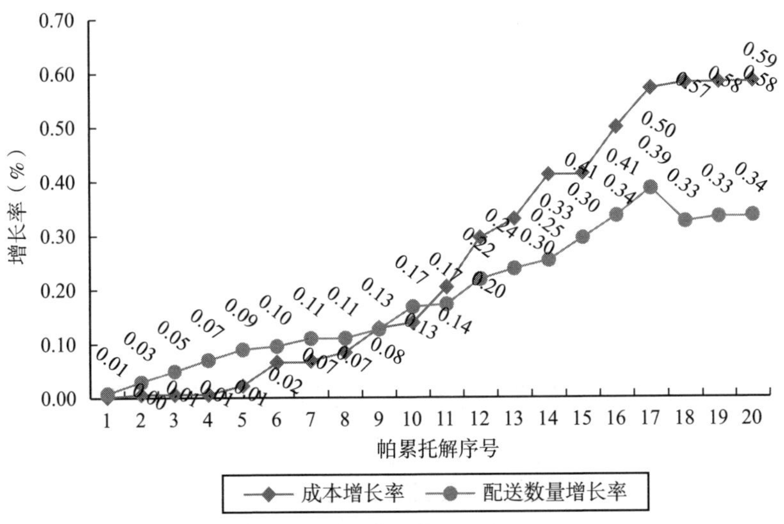

图4-3　帕累托解的配送数量与配送成本增长率

4.5.3 送货上门服务尺度因子 θ_1 的影响分析

送货上门服务尺度因子 θ_1 用于衡量送货上门不同服务时间窗未观察到的效用之间的相互独立程度，表示顾客在选择不同时间窗的替代性。θ_1 越大，表明不同时间窗差异越大，当 θ_1 接近 1 时，随机扰动项相互独立，不同配送时间窗之间的替代性最小。

图 4－4～图 4－7 展示了送货上门服务尺度因子对配送数量、配送成本、自提柜数量和车辆数量的影响。随着送货上门服务尺度因子 θ_1 从 0.01 逐渐上升到 1.00，顾客选择在不同配送时间窗之间的替代性越小，实际服务时间差对配送需求的影响越大。因此，无论是追求配送成本最小化，还是配送数量最大化，获取的最优方案均倾向于提高配送的准时性。此时，配送满足的需求数量逐渐上升，配送成本和配送车辆均呈现缓慢上升的态势。

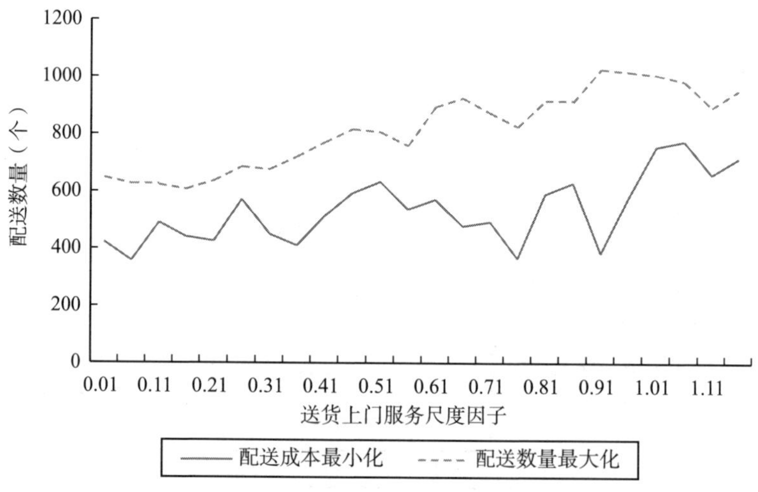

图 4－4　送货上门服务尺度因子对配送数量的影响

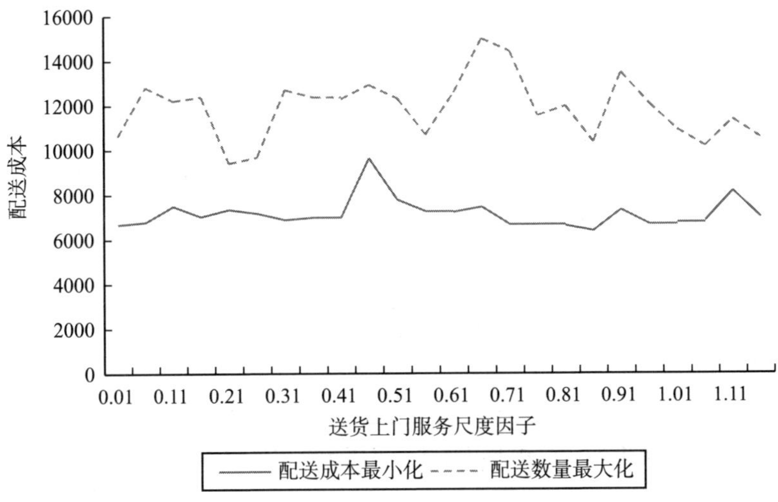

图4－5　送货上门服务尺度因子对配送成本的影响

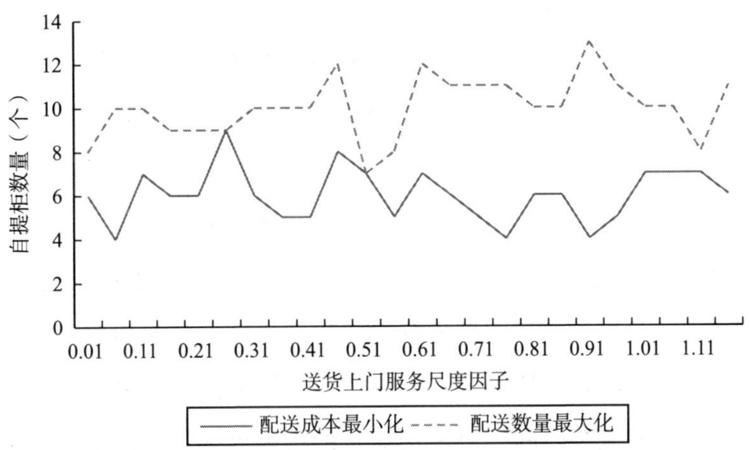

图4－6　送货上门服务尺度因子对自提柜数量的影响

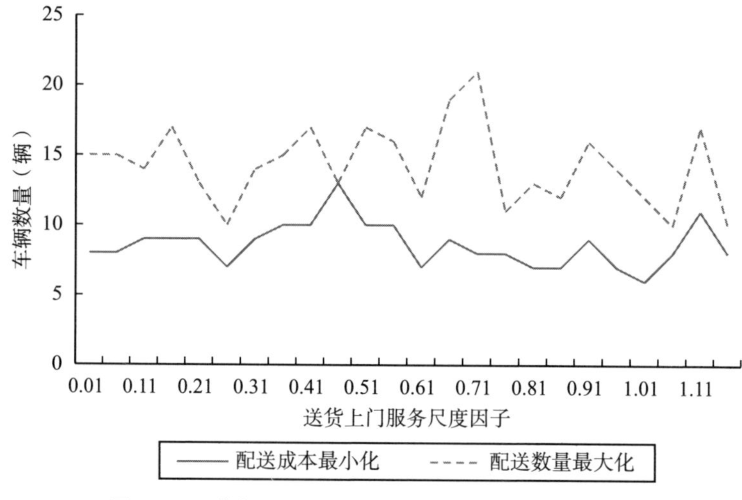

图 4－7　送货上门服务尺度因子对车辆数量的影响

4.5.4　自提柜服务尺度因子 θ_2 的影响分析

自提柜服务尺度因子 θ_2 用于衡量自提柜服务时不同服务时间窗未观察到的效用之间的相互独立程度，表示顾客在选择不同时间窗的替代性。θ_2 越大，表明不同时间窗差异越大，当 θ_2 接近 1 时，随机扰动项相互独立，不同配送时间窗之间替代性最小。

图 4－8～图 4－11 展示了送货上门服务尺度因子对配送数量、配送成本、自提柜数量和车辆数量的影响。随着自提柜服务尺度因子 θ_2 从 0.01 逐渐上升到 1.00，顾客在不同配送时间窗之间的替代性越小，实际服务时间差对配送需求的影响越大。不同于送货上门服务，无论是追求配送成本最小化，还是配送数量最大化，获取的最优方案均会降低配送的准时性，配送数量逐渐下降（如图 4－8 所示），同时自提柜的数量也呈现下降趋势。

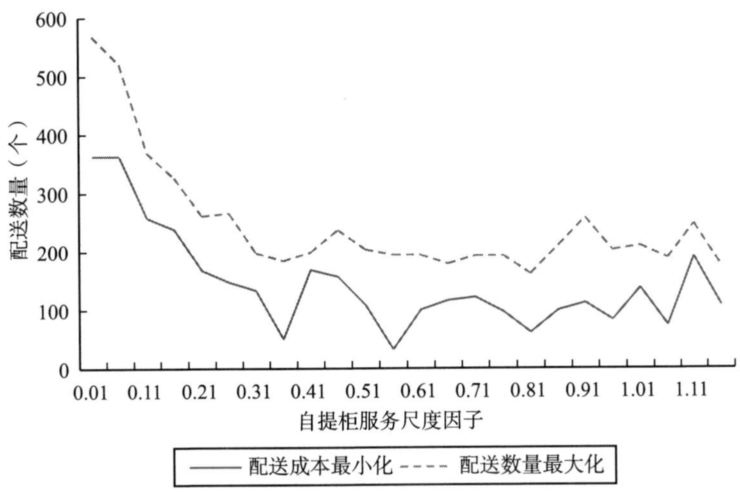

图 4－8　自提柜服务尺度因子对配送数量的影响

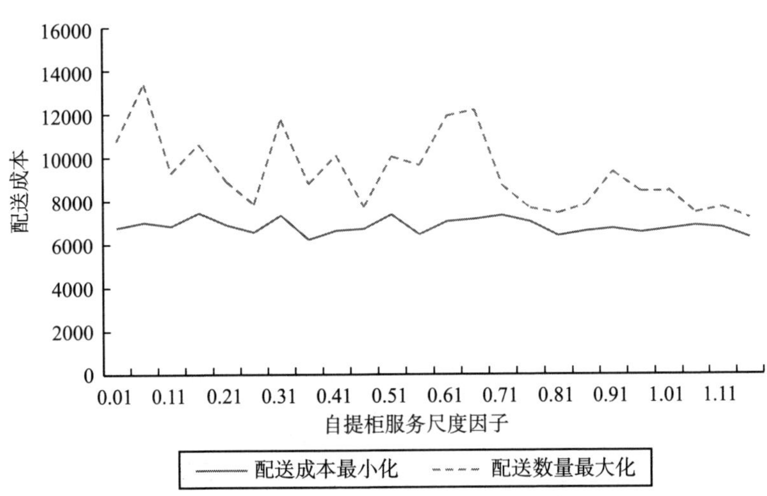

图 4－9　自提柜服务尺度因子对配送成本的影响

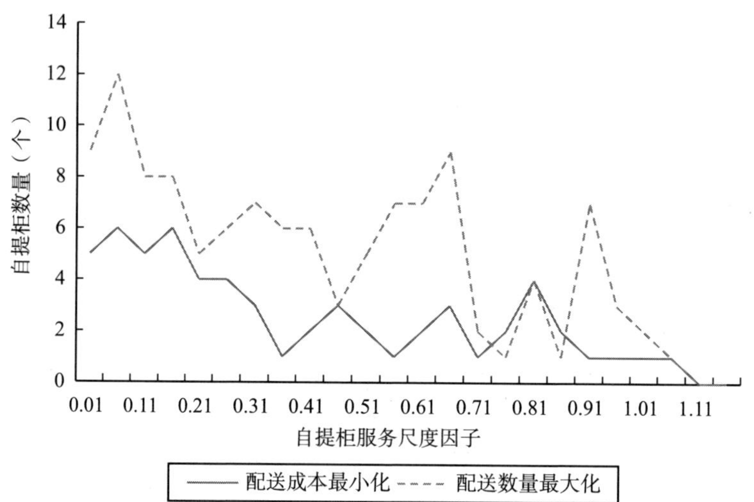

图 4-10　自提柜服务尺度因子对自提柜数量的影响

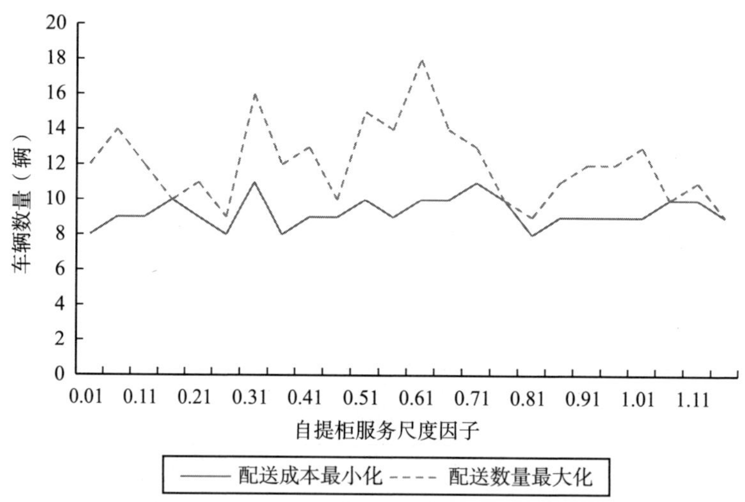

图 4-11　自提柜服务尺度因子对车辆数量的影响

4.6 小　　结

城市配送中顾客在选择末端交付方式和配送时间窗时，不同配送服务选项相互联系。这种相关性对城市配送诸多运作决策带来了挑战。自提柜选址决定了不同配送点可供选择的末端交付方式，路径规划决定了不同配送点可行的送达时间窗，自提柜选址、配送时间窗分配与路径规划之间存在紧密的联动关系。鉴于此，基于嵌套 Logit 选择模型刻画顾客面对配送服务选项的相关性选择行为，以配送数量最大化和配送成本最小化为目标，将自提柜选址—时间窗分配—路径规划问题进行集成优化。研究表明：随着送货上门服务尺度因子逐渐增大，顾客需求在不同配送时间窗之间的替代性越小，无论是追求配送成本最小化，还是追求配送数量最大化，配送数量逐渐上升，获取的最优方案倾向于提高配送的准时性；相反，随着自提柜服务尺度因子逐渐增大，不同于送货上门服务，获取的最优方案均会降低配送的准时性，导致配送数量逐渐下降，同时自提柜的数量也呈现下降趋势。本章在求解中主要使用了基于动态网格和拥挤距离的多目标粒子群算法，下一步将考虑基于问题特点，丰富搜索的领域结构设计，进一步提升算法求解质量。

第 5 章

可选末端交付方式和时间窗的城市配送动态订单接受优化研究

5.1 引　　言

近年来，随着我国城市化进程加快、居民消费升级和消费行为转变，城市配送需求快速增长，2017 年上半年全国快递共 173.2 亿件，平均每人接受包裹达到 12 个[7,20,70]。日常普惠的通用型城市配送需求基本得到了满足。随着“线上线下”（online to offline，O2O）商业形态的兴起及“新零售”的发展，各种定制化的配送需求逐渐涌现，顾客可以从配送时间窗[33]、末端交付方式[82]、多温区[16]等维度定制个性化配送服务[83-85]。例如，天猫、京东等网上超市开始为顾客提供可选时间窗的配送服务；顺丰速递等快速公司开始建立“丰巢”自提点服务体系，既提供送货上门交付，也向顾客提供自取和自助寄件服务；多温区配送在国内多见于 B2B（business-to-business）环节，B2C（business-to-customer）情景下方兴未艾，英国

ASDA、TESCO 等超市已经娴熟地进行多品类、多温区杂货配送。

顾客可以自选末端交付方式和时间窗对城市配送订单接受决策带来了挑战。目前常见的末端交付方式包括：送货上门（attended home delivery，AHD）、自提柜（reception box，RB）和自提点（collection and delivery points，CDPs）等[20,70]。顾客对末端交付方式的选择受自提柜或自提点服务范围制约；顾客对配送时间窗的选择受配送车辆及路径制约。在订单接受决策中，已接受的订单集合形成了配送路径的硬约束，须使用既有的自提设施和规划的配送路径满足约定的交付方式和配送时间窗；现有设施布局和配送路径形成了未来可接受订单的软约束，约定了可接受订单的区域、交付方式及时间窗等属性。在线情境下，城市配送订单接受决策与车辆配送路径呈现动态交替影响关系，即接受配送订单触发当前配送路径更新，而更新后的配送路径将约束下一阶段可接受的配送订单。可选末端交付方式和时间窗下城市配送在线订单接受决策将更为复杂。

鉴于此，在顾客可以自选末端交付方式和时间窗的情境下，本章将构建城市配送动态订单接受决策框架，基于利润最大化目标，设计城市配送订单接受策略调整算法，重点分析不同算法在收益、行驶距离、耗费时间等方面的差异，为顾客可选末端交付方式和时间窗情境下城市配送动态订单接受提供参考。

5.2 问题分析

城市配送服务供应商在既定区域为顾客提供配送服务，记顾客

或配送点集合为 N_c。顾客 i 的位置（x_i，y_j）、相互之间的路径距离 d_{ij}是已知的（i，$j \in N_c$）。供应商为顾客提供两种末端交付方式：送货上门交付，记为 AHD 交付；自提柜交付，记为 RB 交付，并提供某个确定日期 T 的配送时间窗集合（以下记为 $SLOT$）供顾客选择，例如 9：00～10：00、12：00～13：00、14：00～15：00 等，时间窗的长度是已知且非嵌套。顾客 i 按照实际时间随机到达，基于自身效用最大化，选择末端交付方式 d，$d \in \{RB、AHD\}$，并从 $SLOT$ 中选择配送时间窗 s，确定接受服务的最早时间 $early_i$ 和最晚时间 $late_i$，产生配送需求。

城市配送服务供应商从时刻 0 开始接受下一批次配送订单，在时刻 T 停止接受本批次配送订单，时间段［0，T）为订单接受时段。记时间段［0，t］内已经接受的订单集合为 A_t，$A_t = \{(i, d, s): i \in N_c, d \in \{RB、AHD\}, s \in SLOT\}$，$t \in [0, T]$。供应商将在时刻 T 开始执行订单集合 A_T 的配送任务。记顾客 i 在时刻 t 产生的配送需求为 r_{ti}，供应商根据当前车辆载重、已接受订单集合 A_t 等因素，检查面向 $A_t \cup \{r_{ti}\}$ 的配送路径可行性和收益大小，快速答复顾客 i 是否接受新配送需求 r_{ti}。若接受，则转为配送订单，纳入订单集合 A_t，获取服务收益；否则，拒绝接受配送需求 r_{ti}。供应商需要制定相应的订单接受策略（记为 Θ_t），最大化本批次配送利润。

根据问题描述，进行如下假设：

假设 1：时段［0，T）内，配送需求 r_{ti}是独立到达的，满足到达强度 λ 的齐次泊松过程。

假设 2：根据泊松过程的性质，将时段［0，T）分成 M 个时段，每个时段［t_i，t_{i+1}］（$i = 0, 1, 2, 3, \cdots, M$，其中 $t_0 = 0$，

$t_M = T$）足够短，使［t_i，t_{i+1}］内至多只有一个配送需求到达，产生的配送需求总量为 M 个。

假设 3：配送需求 r_{ti} 随机选择不同服务选项，p_{ds} 表示选择末端交付公式 d 和配送时间窗 s 的概率，满足 $\sum_{d \in \{AHD,RB\}} \sum_{s \in SLOT} p_{ds} = 1$。

假设 4：车辆单位距离的运输成本为 C_r，使用自提柜的固定成本为 C_b，启用车辆的固定成本是 C_v，完成单个 AHD 交付和 RB 交付的收益分别为 R_{AHD} 和 R_{RB}，不失一般性，$R_{AHD} \geqslant R_{RB}$。

假设 5：在时间段［0，t）内，每个配送点 i 仅产生一次配送需求，$i \in N_c$。

关于假设 5，若某个地理位置多次发生配送需求，可以采用多个虚拟点描述发生多次配送需求的情形。

本节所使用符号定义参见 3.4.1 节。

5.3　城市配送动态订单接受决策框架

城市配送动态订单接受决策框架由四个阶段构成：配送路径预规划、配送需求评估、订单接受策略调整和路径全局优化，如图 5－1 所示。

决策框架的核心是订单接受策略的产生与调整。订单接受策略是指不同配送点或区域在时刻 t 可以接受订单的条件，记为 Θ_t。$\Theta_t = \{(i, d, s): i \in N_c, d \in \{RB、AHD\}, s \in SLOT\}$，$t \in [0, T)$。这些条件包括可接受的末端交付方式和配送时间窗等属性，与配送点的位置或区域密切联系。

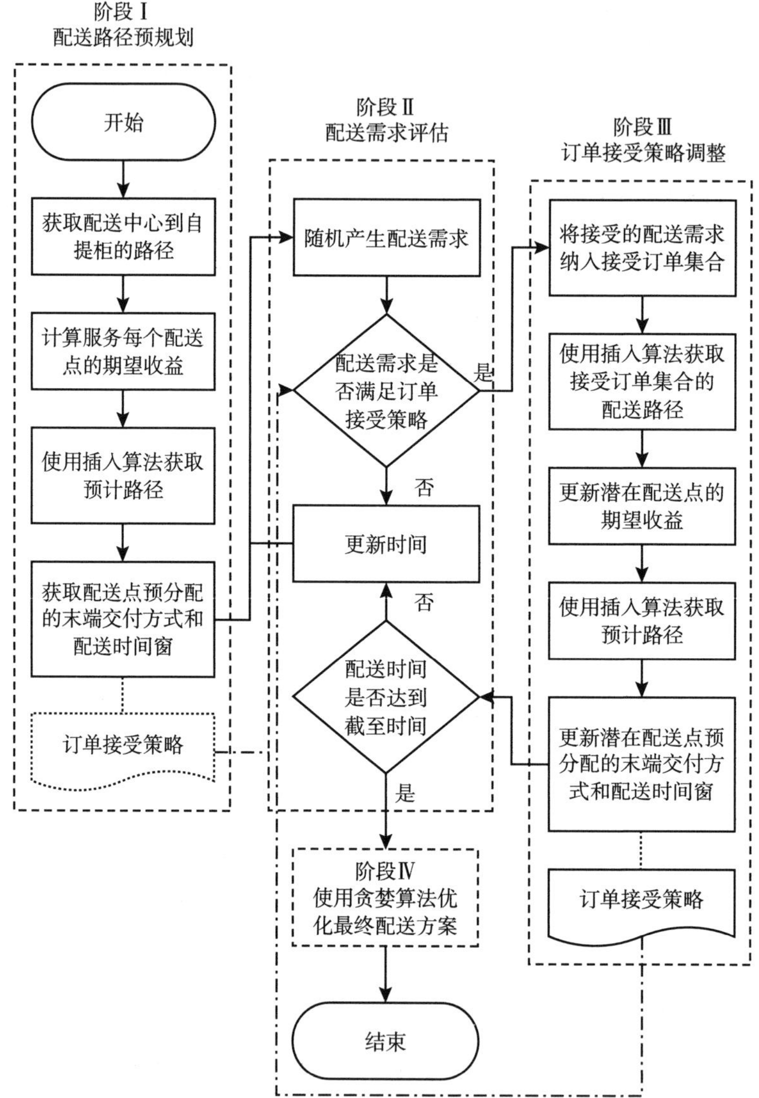

图 5－1　城市配送动态订单接受决策

5.3.1 阶段Ⅰ：配送路径预规划

配送路径预规划发生在时刻0之前，基于嵌套Logit选择模型，获取配送点选择不同末端交付方式和配送时间窗的概率，在考虑路径长度和可达性的条件下，以期望利润最大为目标，形成时刻0的订单接受策略 Θ_0，与之对应的预规划路径记为 Γ'_0。此时，已接受订单集合 A_0 为空集，与之对应的确认车辆路径记为 Γ_0。

配送路径预规划是0－1整数规划问题。该问题的决策变量包括车辆行驶变量 x_{ij}^k、配送选项变量 y_i^{ks}、z_{mi}。配送选项变量定义了配送点 i 可接受的末端交付方式及配送时间窗。关于决策变量的说明如式（5.1）~（5.2）所示。

（1）车辆行驶决策变量：

$$x_{ij}^k = \begin{cases} 1, & \text{车辆 } k \text{ 从配送点 } i \text{ 行驶到配送点 } j \\ 0, & \text{其他} \end{cases} \tag{5.1}$$

（2）AHD配送选项决策变量：

$$y_i^{ks} = \begin{cases} 1, & \text{车辆 } k \text{ 在时间窗 } s \text{ 服务配送点 } i \\ 0, & \text{其他} \end{cases} \tag{5.2}$$

（3）RB配送选项决策变量：

$$z_{mi} = \begin{cases} 1, & \text{自提柜 } m \text{ 为配送点 } i \text{ 服务} \\ 0, & \text{其他} \end{cases} \tag{5.3}$$

配送路径预规划的优化目标是单批次期望利润最大化。根据嵌套Logit选择模型，各配送点的需求数量取决于末端交付方式及实际配送时间。城市配送路径预规划的目标函数如式（5.4）所示。

$$\max \sum_{k \in K} \sum_{s \in S} \left\{ \sum_{i \in N_c} R_{AHD} \left[y_i^{ks} q_{is} p_{s1} \left(1 - \sum_{m \in N_d} z_{mi}\right) \right] + \sum_{m \in N_d} \sum_{i \in N_c} R_{RB} y_m^{ks} q_{is} p_{s2} z_{mi} \right\} - \sum_{k \in K} \left(C_r \sum_{(i,j) \in A} d_{ij} x_{ij}^k + C_v \sum_{j \in N_{c \cup d}} x_{0j}^k \right) - C_b \sum_{m \in N_d} \bigcup_{j \in N_c} z_{mj} \tag{5.4}$$

目标函数中，第一项表示送货上门交付的期望收益，其中 p_{s1} 代表潜在配送点选择 AHD 交付下时间窗 s 的概率，$1 - \sum_{m \in N_d} z_{mi}$ 表示配送点 i 不被任何自提柜交付；第二项表示自提柜交付的期望收益，其中 p_{s2} 代表潜在配送点选择 RB 交付下时间窗 s 的概率；第三项表示运输成本和启用车辆的固定成本；第四项表示使用自提柜的固定成本。

城市配送路径预规划的约束条件如式（5.5）~式（5.15）所示。

$$\sum_{k \in K} \sum_{s \in S} y_i^{ks} + \sum_{m \in N_d} z_{mi} = 1, \forall i \in N_c \tag{5.5}$$

$$\sum_{t \in N, t \neq i,j} x_{ti}^k - \sum_{j \in N, j \neq i,t} x_{ij}^k = 0, \forall i \in N, k \in K \tag{5.6}$$

$$\sum_{j \in N_{d \cup c}} x_{0j}^k = \sum_{j \in N_{d \cup c}} x_{j0}^k = 1, \forall k \in K \tag{5.7}$$

$$\sum_{i \in N_{d \cup c}} x_{it}^k \geqslant y_t^{ks}, \sum_{j \in N_{d \cup c}} x_{tj}^k \geqslant y_t^{ks}, \forall k \in K, s \in S, t \in N_{cd} \tag{5.8}$$

$$\sum_{j \in N_{d \cup c}} x_{jt}^k \geqslant \sum_{i \in N_{cb}} z_{ti}, \sum_{j \in N_{d \cup c}} x_{tj}^k \geqslant \sum_{i \in N_{cb}} z_{ti}, \forall k \in K, t \in N_d \tag{5.9}$$

$$\sum_{s \in S} \left\{ \sum_{i \in N_c} \left[y_i^{ks} q_{is} p_{s1} \left(1 - \sum_{m \in N_d} z_{mi}\right) \right] + \sum_{m \in N_d} \sum_{i \in N_c} y_m^k q_{is} p_{s2} z_{mi} \right\} \leqslant C, \forall k \in K \tag{5.10}$$

$$x_{ij}^{k}(t_{ai} + y_{i}^{ks}t_{si} - t_{aj}) \leqslant 0, \forall k \in K, \forall (i, j) \in A \tag{5.11}$$

$$\sum_{i,j \in N} x_{ij}^{k} \leqslant |V_{k}| - 1, \forall k \in K \tag{5.12}$$

$$x_{ij}^{k} \in \{0, 1\}, \quad \forall i, j \in N, k \in K \tag{5.13}$$

$$y_{i}^{ks} \in \{0, 1\}, \quad \forall i \in N, k \in K, s \in S \tag{5.14}$$

$$z_{mi} \in \{0, 1\}, \quad \forall m \in N_{d}, i \in N_{c}, k \in K \tag{5.15}$$

约束（5.5）表示所有的配送点都被服务，且送货上门和自提柜交付有且仅有一项。约束（5.6）表示网络配送点流量平衡。约束（5.7）表示所有车辆必须从配送中心出发并回到配送中心。约束（5.8）表示送货上门交付的配送点必须有车辆进入和离开，其中 N_{cd}表示采用送货上门交付的配送点集合。约束（5.9）表示设置自提柜的配送点必须有车辆进入和离开，其中 N_{cb}表示采用自提柜交付的配送点集合。约束（5.10）表示车辆载重约束。约束（5.11）表示车辆到达时间。约束（5.12）避免车辆出现子回路，V_k 表示车辆 k 访问的包含配送中心的任意点集合。约束（5.13）~约束（5.14）表示决策变量的取值范围。

5.3.2　阶段Ⅱ：配送需求评估

配送需求接受从时刻0开始，一直延续到时刻 T。根据假设1和2，在订单接受时段［0，T）内，按照到达强度 λ，在极小的时间段内，至多只有一个配送需求 r_{ti}到达。配送需求 r_{ti}按嵌套 Logit 选择模型计算的概率，随机选择末端交付方式 d_{ti}和时间窗［$early_{ti}$，$late_{ti}$］。若符合时刻 t 订单接受策略 Θ_t，即（i，d_{ti}，s_{ti}）$\in \Theta_t$，则将配送需求 r_{ti}纳入已接受订单集合，形成 A_t，即 $A_t = A_{t-1} \cup \{r_{ti}\}$；否

则拒绝配送需求 r_{ti}，维持已接受订单集合不变，即 $A_t = A_{t-1}$。

为了优化随机到达的配送需求 r_{ti} 命中订单接受策略 Θ_t 的概率，设计了基于时间窗偏差阈值的配送需求评估方法。

时间窗偏差值用于衡量配送需求的时间窗［$early_{ti}$，$late_{ti}$］与订单接受策略 Θ_t 为配送点 i 预分配的时间窗［$Searly_i$，$Slate_i$］的重合程度，记为 δ。时间窗偏差阈值是可接受配送需求的最大时间窗偏差值，记为 δ_{max}。

在配送需求评估中，首先评估末端交付方式，然后评估配送时间窗。对于末端交付方式，由于自提柜交付可以前置处理，仅需在停止接受服务时刻之前送达，其耗费的配送资源较少，对选择自提柜交付的配送需求直接转入配送时间窗评估；对选择送货上门交付的配送需求，若接受策略 Θ_t 分配的交付方式为自提柜交付，则拒绝该配送需求，反之，则转入配送时间窗评估。在配送时间窗评估中，首先计算配送需求的时间窗偏差值 δ，若 $\delta \leqslant \delta_{max}$ 成立，则接受该配送需求，反之，则拒绝该配送需求。配送需求评估的流程如图 5－2 所示。

时间窗偏差值 δ 的计算方法如式（5.16）所示，其中 $timerange$ 表示时间窗长度，$|\ |$ 表示取绝对值。

$$\delta = |late_i - Slate_i| / timerange \tag{5.16}$$

如图 5－3 所示，时间窗长度 $timerage$ 是 120 分钟，配送需求 i 的时间窗偏差值 δ_i 为 0，配送需求 j 的时间窗偏差值 δ_j 为 0.5，配送需求 k 的时间窗偏差值 δ_k 为 1。时间窗偏差值越小，则配送点产生的配送需求与订单接受策略预分配的时间窗偏差度越低。

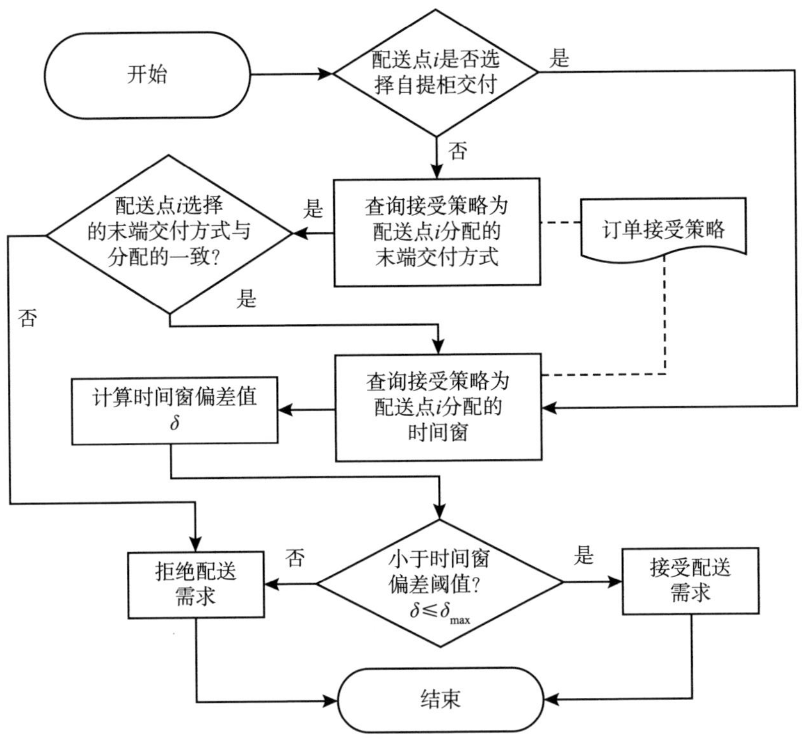

图 5-2　基于时间窗偏差阈值的配送需求评估

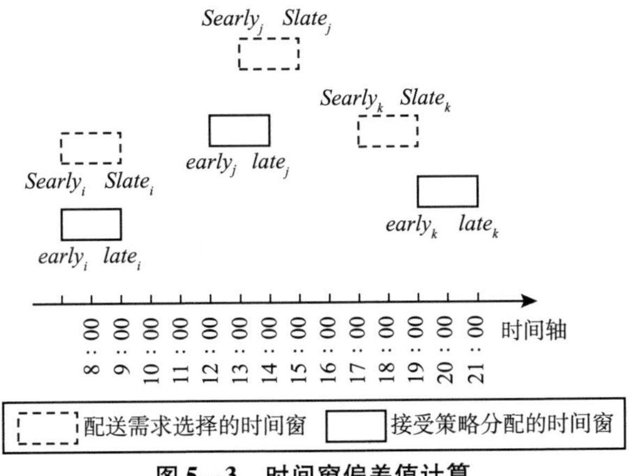

图 5-3　时间窗偏差值计算

5.3.3 阶段Ⅲ：订单接受策略调整

订单接受策略调整由接受配送需求 r_{ti} 触发，分两个步骤完成：采用插入算法优化新需求 r_{ti} 在确认车辆路径集 Γ_{t-1} 中的插入位置，形成面向已接受订单集合 $A_t \cup \{r_{ti}\}$ 的确认配送路径 Γ_t；根据确认的配送路径 Γ_t，计算服务潜在配送点 $j(j \in N_c - N_a)$ 的期望收益，形成预规划路径 Γ'_t，为潜在配送点 j 分配可接受的末端交付方式和配送时间窗，获取新的订单接受策略 Θ_t。

1. 已接受订单集合 $A_t \cup \{r_{ti}\}$ 路径调整

对已接受订单集合 $A_t \cup \{r_{ti}\}$，配送订单的末端交付方式和配送时间窗是必须满足的，其时间窗约束属于硬时间窗约束，转换到带时间窗的车辆路径问题。由于已接受订单集合 A_t 中各配送点的配送路径 Γ_t 在前面阶段过程中已经形成，基于路径构造的思想，采用 Solomon 插入算法优化 $A_t \cup \{r_{ti}\}$ 的配送路径[86]。

设 A_t 中配送点数量为 n，配送中心以 0 标记，已启用的车辆数量为 k，$(n_1, n_2, n_3, \cdots, n_u, \cdots, n_{n+k+1})_t$ 表示当前配送路径，其中以 0 区隔不同配送车辆、以 n_u 代表配送点的自然编号。对于新的配送需求 r_{ti}，根据式（5.18）~式（5.21）计算不同插入位置 p 的 c_1 值，然后根据式（5.17），取最小 c_1 值作为最佳插入位置 u^*。并检查后续配送点的时间窗约束是否可行，若不可行则添加车辆形成新可行路径。路径调整算法流程如图 5-4 所示。

$$c_1(j_{u^*}, r_{ti}, k_{u^*}) = \min\{c_1(j_{p-1}, r_{ti}, k_p)\} \tag{5.17}$$

$$c_{11}(j_{p-1}, r_{ti}, k_p) = d_{ji} + d_{ik} - \mu d_{jk} \tag{5.18}$$

$$c_{12}(j_{p-1},\ r_{ti},\ k_p) = t_{ak_i} - t_{ak} \tag{5.19}$$

t_{ak_i}表示插入 r_{ti}后，配送点 k 开始服务的时间。

$$c_1(j_{p-1},\ r_{ti},\ k_p) = a_1 c_{11}(j_{p-1},\ r_{ti},\ k_p) + a_1 c_{12}(j_{p-1},\ r_{ti},\ k_p) \tag{5.20}$$

其中

$$a_1 + a_2 = 1 \tag{5.21}$$

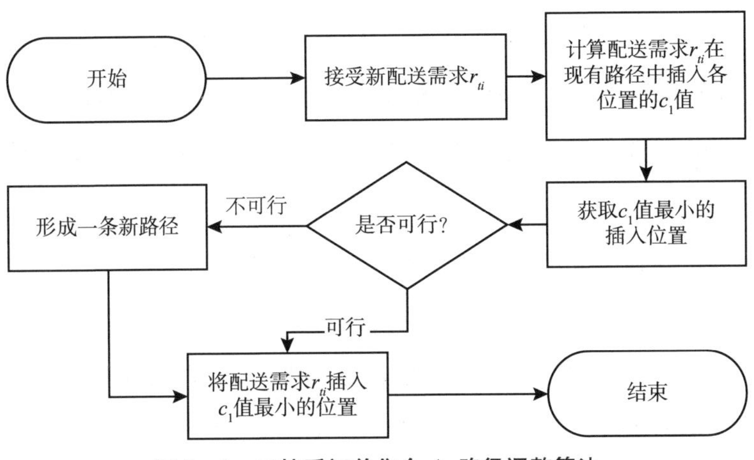

图5-4　已接受订单集合 A_t 路径调整算法

2. 潜在配送点订单接受策略调整

已接受订单集合 $A_t \cup \{r_{ti}\}$ 路径调整后，现有路径结构发生变化，服务潜在配送点的期望收益会随之变化。基于利润最大化目标，订单接受策略 Θ_t 也需要进行调整。以配送路径 Γ_t 为基础，获取面向潜在配送点集合 $N_c - N_a$ 的订单接受策略 Θ_t。设计了全部接受、交付方式静态分配和服务选项动态分配三种算法。

算法①：全部接受

该算法不考虑配送需求的配送选项特性，在满足路径和自提柜设施可行性的约束下，采用“先到先服务”的策略，对到达的订单全部接受，直到当前拥有的车辆和设施无法满足服务需求为止。

算法②：交付方式静态分配

为了提高算法的时间性能，设计了交付方式静态分配算法。该算法采用末端交付方式静态分配、时间窗动态调整的方式，即 RB 交付与 AHD 交付的配送点在时刻 0 确定，后续整个订单接受周期内 $[0, T)$ 保持不变，各配送点的末端交付方式一直采用 Θ_0 的分配结果。每次接受策略调整仅重新分配 AHD 交付的配送点可接受的时间窗。

算法③：服务选项动态分配

该算法采用末端交付方式和时间窗分配均动态调整的方式。根据配送服务的期望利润大小分配末端交付方式，即若 AHD 交付的利润大于 RB 交付，则为该配送点分配 AHD 交付，反之，则安排 RB 交付。在确定末端交付方式后，分配配送时间窗的方式与静态接受策略相同。算法③是算法②的延伸，在时间窗分配动态调整的同时，进一步考虑末端交付方式的动态调整。

3. 服务选项动态分配算法流程

鉴于算法③与算法②的区别在于是否动态分配末端交付方式，主要论述算法③服务选项动态分配算法的流程，在论述中说明与算法②的区别。算法③服务选项动态分配是基于 Solomon I1 插入算法设计的，算法流程如图 5－5 所示。由于潜在配送点插入的依据是期望利润最大化，而 Solomon I1 插入算法是以增量距离最短和延后时间最小为依据，因此需要重新设计 Solomon I1 插入算法中 c_1 和 c_2 值的计算方法。c_1 值的计算方式如式（5.23）~式（5.26）所示。c_2 值的计算方式如式（5.27）所示。

$$c_1(j_{u*},\ r_{ti},\ k_{u*}) = \max\{c_1(j_{p-1},\ r_{ti},\ k_p)\} \tag{5.22}$$

$$c_{11}^{AHD}(j_{p-1},\ r_{ti},\ k_p) = R_{AHD}q_{r_{ti}}p_{s1} - (d_{ji} + d_{ik} - \mu d_{jk}) \tag{5.23}$$

$$c_{11}^{RB}(j_{p-1},\ r_{ti},\ k_p) = R_{RB}q_{r_{ti}}p_{s2} \tag{5.24}$$

$$c_{12}(j_{p-1},\ r_{ti},\ k_p) = b_{ak_i} - b_k \tag{5.25}$$

b_{ak_i}表示插入 r_{ti}后，配送点 k 开始服务的时间。

$$c_1(j_{p-1},\ r_{ti},\ k_p) = \begin{cases} a_1c_{11}[c_{11}^{AHD},\ c_{11}^{RB}]^{+} - a_2c_{12}(j_{p-1},\ r_{ti},\ k_p), & \text{算法③} \\ a_1c_{11}[c_{11}^{AHD},\ c_{11}^{RB}] \mid \Theta_0 - a_2c_{12}(j_{p-1},\ r_{ti},\ k_p), & \text{算法②} \end{cases} \tag{5.26}$$

$$c_2(j_{p-1},\ r_{ti},\ k_p) = \max\{c_1(j_u,\ r_i,\ k_u) + \lambda d_{0r_i}\} \tag{5.27}$$

c_1 值用于确定潜在配送点 i 在现有配送路径 Γ_t 的最佳插入位置 u^*。插入位置不同，到达时间也就不同，对应插入位置也就确定了潜在配送点 i 可接受的配送时间窗。c_1 值考虑了服务潜在配送点的期望收益，服务成本以及插入后对后续配送点服务时间延后的影响，该值越大越好。c_{11}^{AHD}和 c_{11}^{RB}分别表示采用送货上门交付和自提柜交付的期望收益和服务成本之差，该值越大越好；c_{12}表示潜在配送点插入后对路径后续配送点配送延后的影响，该值越小越好。c_2 值用于选择最佳的潜在配送点，选择依据是不同潜在配送点插入后的服务收益与直接服务的机会成本之和最大化，其中直接服务成本越高则更应采用插入现有路径网络的形式进行服务。

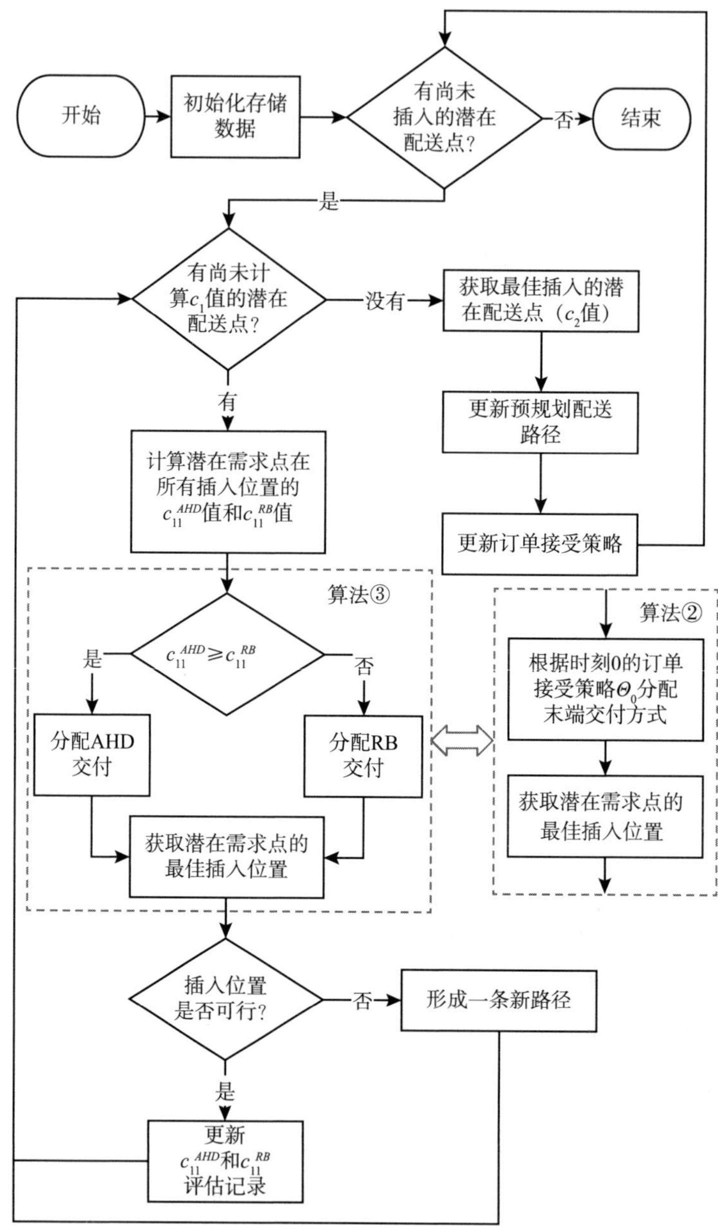

图 5－5　服务选项动态分配算法流程图

如图5－5所示，算法③与算法②的区别就在于式（5.26）中 c_1 值的计算。在算法③中，$[c_{11}^{AHD}, c_{11}^{RB}]^+$ 表示取大值，确定了配送需求 r_{ti} 的末端交付方式，若 $c_{11}^{AHD} \geqslant c_{11}^{RB}$，则为该配送点分配AHD交付并采用 c_{11}^{AHD} 计算，反之则分配RB交付并采用 c_{11}^{RB} 计算；在算法②中，$[c_{11}^{AHD}, c_{11}^{RB}] \mid \Theta_0$ 表示条件分配，即根据时刻0确定的订单接受策略 Θ_0，若配送点被预先分配了AHD交付，则 c_1 值的计算采用 c_{11}^{AHD}，反之采用 c_{11}^{RB} 计算。

5.3.4　阶段Ⅳ：路径全局优化

路径全局优化发生在停止接受配送订单之后、执行配送之前。此时，接受订单集合 A_T 完全确定，对任意已接受的配送点 i，$i \in N_a$，选择的末端交付方式 d 和配送时间窗 s 都已确定，而且已经停止接受新配送订单。动态订单接受决策问题转换到带时间窗的静态车辆路径优化阶段，采用贪婪算法对最终配送方案进行优化[41]。

5.4　仿真实验

采用数据仿真对全部接受、交付方式静态分配和服务选项动态分配三种接受策略调整算法进行评估。首先说明仿真算例设计，然后对比分析三种调整算法的性能，最后分析时间窗宽度和时间窗偏差阈值对配送收益的影响。

设定配送订单的接受周期T为960分钟，即开始接受下一批次配送订单的时刻记为0时刻，960分钟后停止接受本批次订单并开始配送。基于假设1和假设2，在［0，960）内，配送需求到达的时间间隔服从指数分布。算法采用Matlab R2017a版本，使用Matlab脚本语言实现；仿真环境为Intel Core i7－6700 CPU、16G内存和Windows 10 Pro版本。仿真涉及的参数如表5－1所示。

表5－1 相关参数

参数	值
配送需求到达强度	12
距离影响因子	0.005
时间误差影响因子	0.001
送货上门交付尺度因子	0.7
自提柜交付尺度因子	0.4
AHD交付单位收益	20
RB交付单位收益	10
车辆载重能力	1000
车辆固定成本	500
单位距离行驶成本	3
自提柜固定成本	200

5.4.1 仿真算例设计

仿真算例基于Solomon标准库RC201和RC206算例设计。RC201算例情况如3.6.1节所述。RC206算例总共有50个配送点，分布位置如图5－6所示。算例从图中5个配送点较密集的区域选择 5 个配送点设立自提柜。根据假设 3 和假设 5，配送需求从尚未产生配送需求的配送点集合中随机产生，然后根据嵌套 Logit 选择模型确定的概率，随机选择末端交付方式和时间窗等选项。

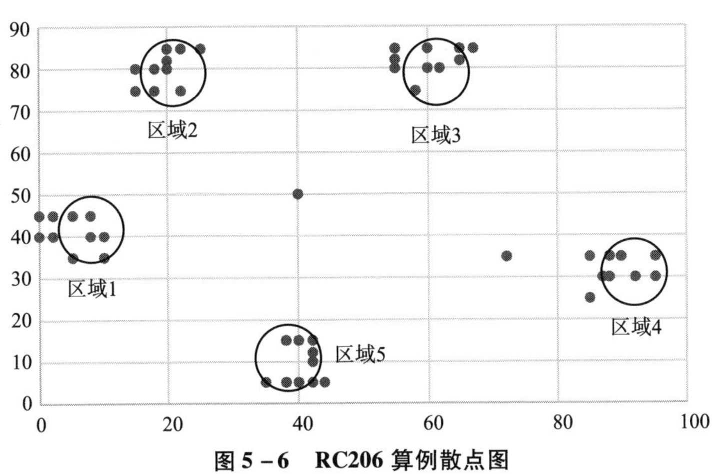

图 5 -6　RC206 算例散点图

5.4.2　不同接受策略调整算法比较

对 RC201 算例和 RC206 算例，全部接受、交付方式静态分配、服务选项动态分配三种调整算法的仿真结果如表 5 -2 和表 5 -3 所示，重复运行 20 次耗费时间的箱型图如图 5 -7 所示。其中，对于算法②和算法③而言，表 5 -2 的计算结果是在时间窗偏差阈值 δ_{max} 为 0 时获取的，表 5 -3 的计算结果是时间窗偏差阈值 δ_{max} 从 0 到 6 中获取的利润最大值情形，算法①不涉及时间窗偏差阈值设定。

表 5-2　　　　接受策略调整算法的仿真结果-相同时间窗偏差阈值设置

算法	①FIFO 全部接受		②交付方式静态分配		③服务选项动态分配	
算例	RC201	RC206	RC201	RC206	RC201	RC206
RB 总收益	7850	4500	9180	5800	9520	5000
AHD 总收益	9620	5600	8740	6800	11060	8400
行驶距离	1638.7020	614.561	2327.9500	1115.6423	1789.3210	1181.3481
RB 订单数量	48	25	51	31	56	29
AHD 订单数量	30	15	27	14	32	16
拒绝订单数量	0	0	6	9	4	4
车辆数量	5	2	3	3	5	3
平均接受决策耗时	0	0	0	0.0020	0.0008	0.0016
平均路径更新耗时	0	0.0008	0.0004	0.0094	0.0055	0.0088
平均策略调整耗时	—	—	0.6816	0.0142	0.5284	0.1191
利润	10053.8941	7256.318	9436.1499	7753.0732	12712.0370	8355.9556

表 5-3　　　　接受策略调整算法的仿真结果-差异时间窗偏差阈值设置

算法	①FIFO 全部接受		②交付方式静态分配		③服务选项动态分配	
算例	RC201	RC206	RC201	RC206	RC201	RC206
时间窗偏差阈值	—	—	2	4	5	2
RB 总收益	7850	4500	9090	5500	9010	4900
AHD 总收益	9620	5600	13640	7400	13800	8600
行驶距离	1638.7020	614.561	3016.088	753.128	1225.668	776.257
RB 订单数量	48	25	60	27	59	28

续表

算法	①FIFO 全部接受		②交付方式静态分配		③服务选项动态分配	
算例	RC201	RC206	RC201	RC206	RC201	RC206
AHD 订单数量	30	15	34	18	35	17
拒绝订单数量	0	0	0	1	0	0
车辆数量	5	2	4	2	5	3
平均接受决策耗时	0	0	0. 0003	0. 0007	0	0
平均路径更新耗时	0	0. 0008	0	0. 0007	0	0
平均策略调整耗时	—	—	0. 7066	0. 0007	0. 3275	0. 0479
利润	10053. 894	7256. 318	11682. 735	9640. 617	16632. 997	9671. 228

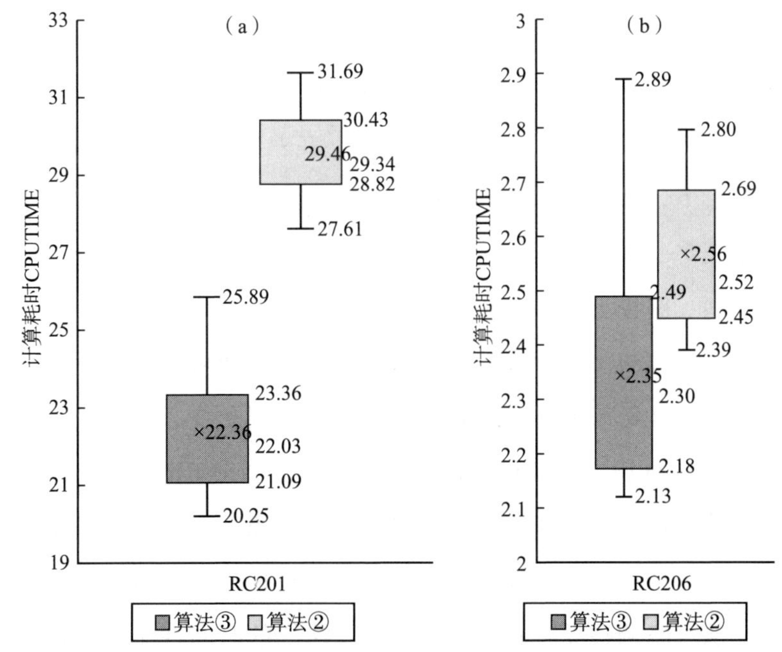

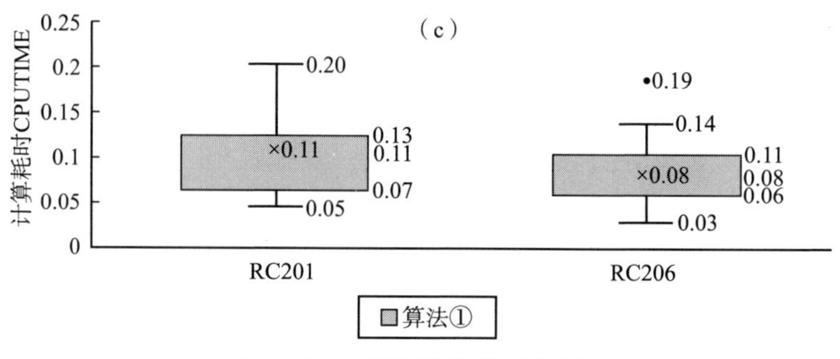

图 5-7　三种调整算法计算耗时

由表 5-2 可知，算法③在 RC201 和 RC206 算例中获取的利润分别为 12712.0370、8355.9556，均大于算法①和算法②的利润；算法②在算例 RC201 中获取的利润为 9436.1499，劣于算法①的利润约 6.2%，但是在算例 RC206 中获取的利润为 7753.0732，优于算法①的利润约 6.84%。从行驶距离来看，虽然算法③和算法②在 RC201 和 RC206 算例中不占优，但是两个算法能够平衡服务收益与服务成本，拒绝某些服务成本高于服务收益的配送需求，从而提高整个批次的配送利润。由表 5-3 可知，在差异化设置时间窗偏差阈值的情形下，算法③和算法②获取的利润在进一步提高。

由表 5-2 可知，算法耗费的运算时间可以分为三个部分：接受决策时间、路径更新时间和策略调整时间。从平均路径更新时间来看，相对于算法①，算法②和③增加耗费的时间可以忽略不计，其中算法②在配送需求更多的 RC201 算例中耗时更少，而算法③在配送需求较少的 RC206 算例中耗时更少。算法②中 RB 交付配送点采取静态分配策略，在订单接受过程中涉及路径优化的配送点逐渐减少，路径更新耗费时间较少，在配送订单数量较多的情形下表现更明显。从策略调整耗时看，算法②和算法③的时间性能与路径更新耗时相反，算法③适应配送需求更多的 RC201 算例。策略调整的实质是考虑潜在配送点期望利润最大化的车辆路径优化，算法③可以根据当前路径适时调整 AHD 交付的潜在配送点，能够降低路径优化的规模，提高策略调整过程的时间性能。由表 5 – 3 可知，在差异化设置时间窗偏差阈值的情形下，算法③的时间性能表现更好。

箱型图分别展示了三种调整算法重复运行 20 次计算耗时的最大值、最小值、中位数和两个四分位数。由图 5 – 7（c）可知，算法①不涉及调整订单接受策略，在两个算例中计算耗时均小于算法②和算法③。由图 5 – 7（a）和图 5 – 7（b）可知，算法③的计算耗时总体看小于算法②，说明根据已接受订单动态调整服务选项接受策略，可以拒绝某些服务成本过高的服务需求，降低路径重构的概率，进而节约算法耗时。

总之，提出的算法③能够获取较算法①和算法②更高的利润，同时在时间性能方面，算法③在策略调整阶段耗费的时间较少，在单批次配送任务较多的情形下更为突出。

5.4.3　时间窗宽度的影响

时间窗宽度（time slot interval）是指顾客可选择的服务开始和停止时刻之间的时间段长度。时间窗宽度通常是由城市配送服务供应商预定义的。本节主要分析时间窗宽度对算法③的影响。RC201 算例和 RC206 算例在不同时间窗宽度下，仿真结果分别如表 5 – 4 和表 5 – 5 所示。

表 5-4　　时间窗宽度的影响-RC201 算例

时间窗宽度	30	60	90	120	150	180	210	240
RB 总收益	9290	9450	8320	7250	5430	6400	6810	8950
AHD 总收益	7540	10160	10460	11900	15700	14160	9840	13920
行驶距离	2425.3	1849.6	1305.4	1151.6	1223.3	1597.1	1327.0	1250.1
RB 订单数量	56	56	50	43	35	38	41	51
AHD 订单数量	23	32	29	33	42	42	31	43
拒绝订单数量	1	3	0	0	0	1	0	0
车辆数量	5	6	5	6	5	5	4	4
平均接受决策耗时	0.00019	0	0	0	0	0	0	0
平均路径更新耗时	0.00039	0.00034	0.00078	0.00122	0.00000	0.00114	0.00107	0.00066
平均策略调整耗时	0.24633	0.22656	0.29473	0.28653	0.34395	0.32031	0.31742	0.29063
利润	7054	11061	12364	12695	14960	13269	10669	17120

从表 5-4 和图 5-8 可知，随着时间窗宽度从 30 分钟延长到 240 分钟，算法③获取的 RB 总收益逐渐减少、AHD 总收益逐渐增加，行驶距离逐渐减少。得益于单次 AHD 交付收益高于 RB 交付，利润呈现缓慢增长趋势。从计算耗时来看，相对于策略调整时间，算法③的路径更新时间耗费较少，体现了插入算法较高的计算效率；随着时间窗宽度增大，策略调整时间缓慢增大。时间窗宽度增加，使得同一配送点在路径上可插入的位置增多，增加了算法进行最佳插入位置的比较迭代次数，相应地策略调整时间也会增多。而路径更新仅涉及一个插入点，增加时间并不明显。

表 5 – 5　　　　　时间窗宽度的影响 – RC206 算例

时间窗宽度	30	60	90	120	150	180	210	240
RB 总收益	6300	5100	4700	4700	4600	4200	4000	3600
AHD 总收益	5800	4400	5200	9000	5400	6200	6600	7400
行驶距离	1447.61	696.26	1210.34	795.18	717.78	688.19	739.66	742.91
RB 订单数量	31	25	25	22	25	22	21	21
AHD 订单数量	14	15	15	23	15	18	19	19
拒绝订单数量	0	2	2	0	0	1	0	2
车辆数量	6	3	3	4	3	2	3	3
平均接受决策耗时	0.00000	0.00000	0.00000	0.00136	0.00000	0.00000	0.00000	0.00000
平均路径更新耗时	0.00000	0.00109	0.00000	0.00000	0.00000	0.00074	0.00000	0.00000
平均策略调整耗时	0.04416	0.03234	0.03670	0.04891	0.04078	0.04092	0.04688	0.03852
利润	4757	5911	4769	9314	6347	7335	6881	7271

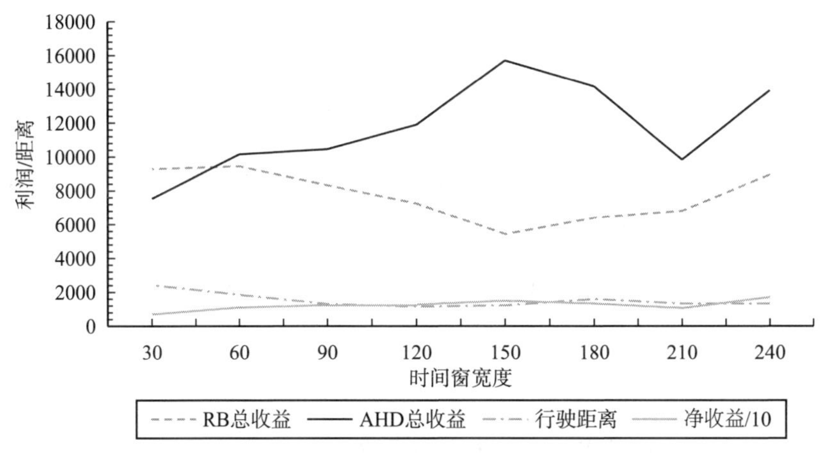

图 5 – 8　时间窗宽度的影响 – RC201 算例

从表 5 – 5 和图 5 – 9 可知，在 RC206 算例中，时间窗宽度对 RB 总收益、AHD 总收益、利润以及行驶距离的影响，与 RC201 算例一致；由于 RC206 算例中配送点的数量小于 RC201 算例，计算耗费时间的变化趋势随时间窗宽度的变化不明显，但是，路径更新耗时还是小于策略调整耗时。

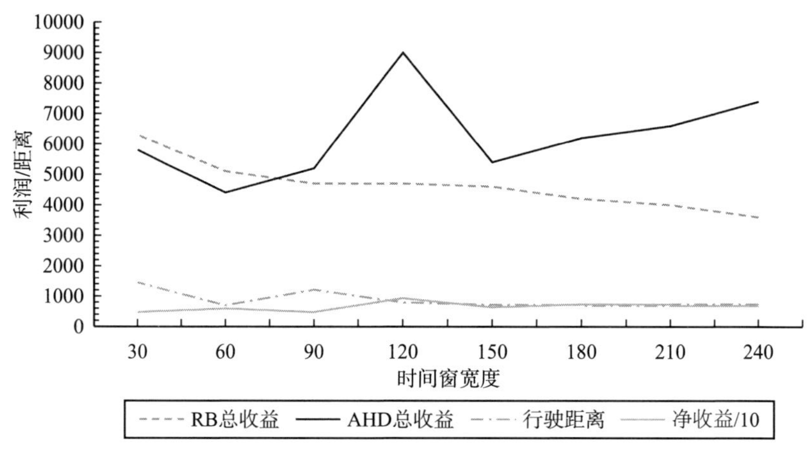

图 5-9　时间窗宽度的影响-RC206 算例

总之，时间窗宽度是影响城市配送收益的重要因素，随着时间窗宽度逐渐增加，算法③获取的 RB 总收益和行驶里程呈现逐渐减少的趋势，而 AHD 总收益和利润呈现逐渐增加的趋势。时间窗宽度增加，放松了车辆路径规划到达的时间约束，使得相同车辆数量能够接受更多的 AHD 交付，从而提高整个配送批次的服务利润。

5.4.4　时间窗偏差阈值的影响

时间窗偏差阈值是可接受配送需求的最大时间窗偏差值，即产生的配送需求时间窗偏差值小于该阈值，则接受该配送需求。当时间窗偏差阈值为 0 时，表示仅接受与预分配的时间窗完全契合的配送需求。RC201 和 RC206 算例在不同时间窗偏差阈值影响下的仿真计算结果分别如表 5 - 6 和表 5 - 7 所示。

表 5 - 6　　　时间窗偏差阈值的影响 - RC201 算例

时间窗偏差阈值	0	1	2	3	4	5	6
RB 总收益	9520	9540	8660	7250	7940	9010	8230
AHD 总收益	11060	11620	10500	11900	11500	13800	11960
行驶距离	1789.32	1716.74	1511.66	1151.58	1903.19	1225.67	1451.37
RB 订单数量	56	57	48	43	46	59	48
AHD 订单数量	32	33	33	33	35	35	33
拒绝订单数量	4	0	0	0	0	0	0
车辆数量	5	4	5	6	5	5	5
平均接受时间	0.0008	0	0	0	0.0000	0	0
平均路径更新时间	0.0055	0.0014	0.0000	0.0012	0.0004	0	0.0000
平均策略调整时间	0.5284	0.6236	0.4947	0.2865	0.2769	0.3275	0.2771
利润	12712.04	14009.77	12125.02	12695.25	11230.42	16633	13335.88

表 5 - 7　　　时间窗偏差阈值的影响 - RC206 算例

时间窗偏差阈值	0	1	2	3	4	5	6
RB 总收益	5000	4400	4900	4700	5600	5900	5500
AHD 总收益	8400	9600	8600	9000	7200	6600	7400
行驶距离	1181.348	1291.944	776.2573	795.1771	846.0887	897.9781	1187.669
RB 订单数量	29	23	28	22	27	29	27
AHD 订单数量	16	22	17	23	18	16	18
拒绝订单数量	4	0	0	0	0	0	0
车辆数量	3	4	3	4	3	3	3
平均接受时间	0.0016	0.0000	0.0000	0.0014	0.0000	0.0000	0.0000

续表

时间窗偏差阈值	0	1	2	3	4	5	6
平均路径更新时间	0.0088	0.0014	0.0000	0.0000	0.0007	0.0007	0.0000
平均策略调整时间	0.1191	0.0917	0.0479	0.0489	0.0476	0.0459	0.0482
利润	8355.956	8124.167	9671.228	9314.469	8761.734	8306.066	7836.992

从表5－6和图5－10可知，时间窗偏差阈值对利润有较大影响。随着时间窗偏差阈值逐渐从0放大到6，接受时间窗约束由强变弱，更多的配送需求在配送时间窗接受评估中变得可行，AHD总收益逐渐增加，RB总收益逐渐下降，行驶里程缓慢降低，利润变化趋势不太明显，呈现不停波动的趋势。从RC201算例可以发现，AHD总收益较高的时间窗偏差阈值，往往会获取更高的利润。

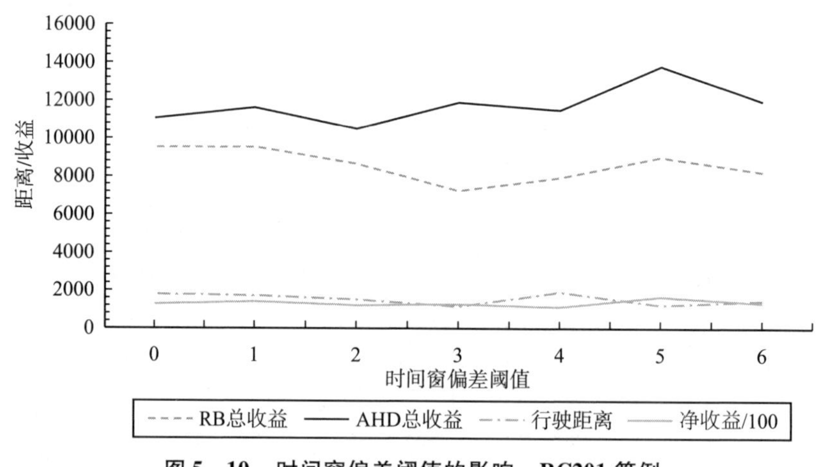

图5－10　时间窗偏差阈值的影响－RC201算例

从表5－7和图5－11可知，在RC206算例中，时间窗偏差阈值对配送收益的影响与RC201算例相反。随着时间窗偏差阈值逐渐扩大，AHD总收益和行驶里程呈现下降趋势，RB总收益呈现增长趋势，利润的变化趋势也不明显。但是与RC201算例一致，AHD总收益较高的时间窗偏差阈值，往往会获取更高的利润。

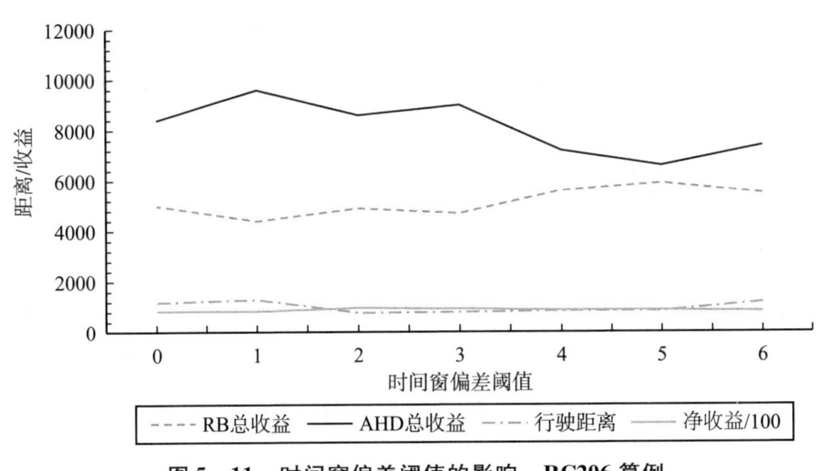

图5－11　时间窗偏差阈值的影响－RC206算例

总之，时间窗偏差阈值对配送服务利润影响明显，但是不存在趋势性关系，即利润最大的时间窗偏差阈值并非在极大值或者极小值处获取。另外，时间窗偏差阈值对拒绝订单数量并不存在明显影响。除了时间窗偏差阈值放宽的原因外，这也说明算法③构建的订单接受策略较好地命中了配送需求的配送选项选择。

5.5 小　　结

末端交付方式和配送时间窗是城市配送服务产品创新的重要维

度，也是影响城市配送服务效率和效益的重要因素。对顾客选择的末端交付方式和配送时间窗，快速决定是否接受配送需求，是城市配送服务产品创新的重要运营决策。本章以服务利润最大化为目标，构建了配送路径预规划、配送需求评估、订单接受策略调整、路径全局优化组成的订单接受决策框架，建立了基于时间窗偏差阈值的配送需求评估方法，设计了全部接受、交付方式静态分配和服务选项动态分配三种策略调整算法。算例仿真表明：服务选项动态分配算法能够获得利润更高的订单接受策略，在单批次配送任务较多的情形下还具有更好的时间性能；时间窗宽度是影响城市配送收益的重要因素，随着时间窗宽度逐渐增加，RB 总收益和行驶里程呈现逐渐减少的趋势，而 AHD 总收益和利润呈现逐渐增加的趋势；时间窗偏差阈值对配送服务利润影响明显，但是不存在趋势性关系，从仿真算例看，AHD 总收益较高的时间窗偏差阈值，往往会获取更高的利润。

第 6 章

基于辐射半径的城市配送动态订单接受优化研究

6.1 引　　言

为了应对当前“线上线下”（online to offline，O2O）消费升级、快递客单价逐渐下滑的竞争态势，物流服务质量与体念成为重要的竞争因素之一，我国城市配送行业开始从提供通用型服务向多元化定制交付升级[85]。电商和快递企业纷纷从末端交付方式和配送时间窗维度重塑“最后一公里”业务形态。目前常见的末端交付方式包括：送货上门（attended home delivery，AHD）、自提柜（reception box，RB）和自提点（collection and delivery points，CDPs）等[20,70]。例如，顺丰速递等快递公司开始建立“丰巢”自提点服务体系，既提供送货上门，也提供自取和自助寄件服务，还通过微信公众号为顾客提供精确到 1 小时的快件到达时间窗选择服务；天猫、京东等网上超市开始为顾客提供可选时间窗的配送服务。

顾客可选末端交付方式和时间窗对城市配送订单接受决策带来了挑战。在顾客序贯到达的情形下，城市配送服务供应商需要根据自提柜或自提点服务范围、已接受订单的服务约束及车辆路径可行性等约束，结合顾客选择的交付选项，快速决定是否接受订单。在决策过程中，现有设施布局和配送路径形成了对未来可接受订单的软约束，限定了可接受订单的区域、交付方式及时间窗等属性；已接受订单集合形成了配送路径的硬约束，须使用既有自提设施和规划的配送路径满足约定的交付方式和时间窗；在实时决策环境下，城市配送订单接受决策与车辆配送路径呈现动态交替影响关系，即接受新配送订单触发当前配送路径更新，而更新后的配送路径将约束下一阶段可接受的配送订单。使得城市配送订单接受决策具有动态性特征，现有订单的配送路径规划及未来潜在需求的接受策略设计是关键问题之一。

为了解决顾客可选末端交付方式和时间窗带来的动态订单接受决策问题，本文将使用嵌套 Logit 选择模型描述顾客对配送服务选项的选择行为，构建考虑末端交付方式和时间窗分配的订单接受策略，设计相应的动态车辆路径规划算法，使用 Solomon 标准库算例进行仿真分析与验证，重点分析参照点数量、时间窗宽度对路径方案的影响，为顾客可选末端交付方式和时间窗情境下城市配送动态订单接受提供参考。

6.2 问题描述

城市配送服务供应商在既定区域为顾客提供配送服务，记顾客

或配送点集合为 N_c。顾客 i 的位置（x_i，y_j）、相互之间的路径距离 d_{ij}是已知的（i，$j \in N_c$）。供应商为顾客提供两种末端交付方式：送货上门交付，记为 AHD；自提柜交付，记为 RB，并提供某个确定日期 T 的配送时间窗集合 $SLOT$ 供顾客选择，例如 9：00～10：00、12：00～13：00、14：00～15：00 等，时间窗的长度是已知且非嵌套。顾客 i 按照实际时间随机到达，基于自身效用最大化，选择末端交付方式 d，$d \in$｛RB、AHD｝，并从 $SLOT$ 中选择配送时间窗 s，$s \in SLOT$，确定接受服务的最早时间 $early_i$ 和最晚时间 $late_i$，产生配送需求。

城市配送服务供应商从时刻 0 开始接受下一批次配送订单，在时刻 T 停止接受本批次配送订单，时间段［0，T）为订单接受时段。记时间段［0，t］内已经接受的订单集合为 A_t，A_t =｛（i，d，s）：$i \in N_c$，$d \in$｛RB、AHD｝，$s \in SLOT$｝，$t \in$［0，T）。供应商将在时刻 T 开始执行订单集合 A_T 的配送任务。记顾客 i 在时刻 t 产生的配送需求为 r_{ti}，供应商根据预先指定的订单接受策略，快速答复顾客 i 是否接受新配送需求 r_{ti}。若接受，则转为配送订单，纳入订单集合 A_t，获取服务收益；否则，拒绝接受配送需求 r_{ti}。

根据问题描述，相关假设参考 5.2 节所述。本节所使用的符号参见 3.4.1 节。

6.3　基于辐射半径的订单接受策略

基于辐射半径的订单接受策略从末端交付方式和服务时间窗两个

维度，定义可接受订单需要满足的条件，其决策过程如图 6－1 所示。

6.3.1 可接受时间窗分配初始化

可接受时间窗分配初始化如图 6－2 所示，主要完成自提柜和服务区域的配送时间窗分配。假设时间窗的长度是 1 小时，例如［7：00，

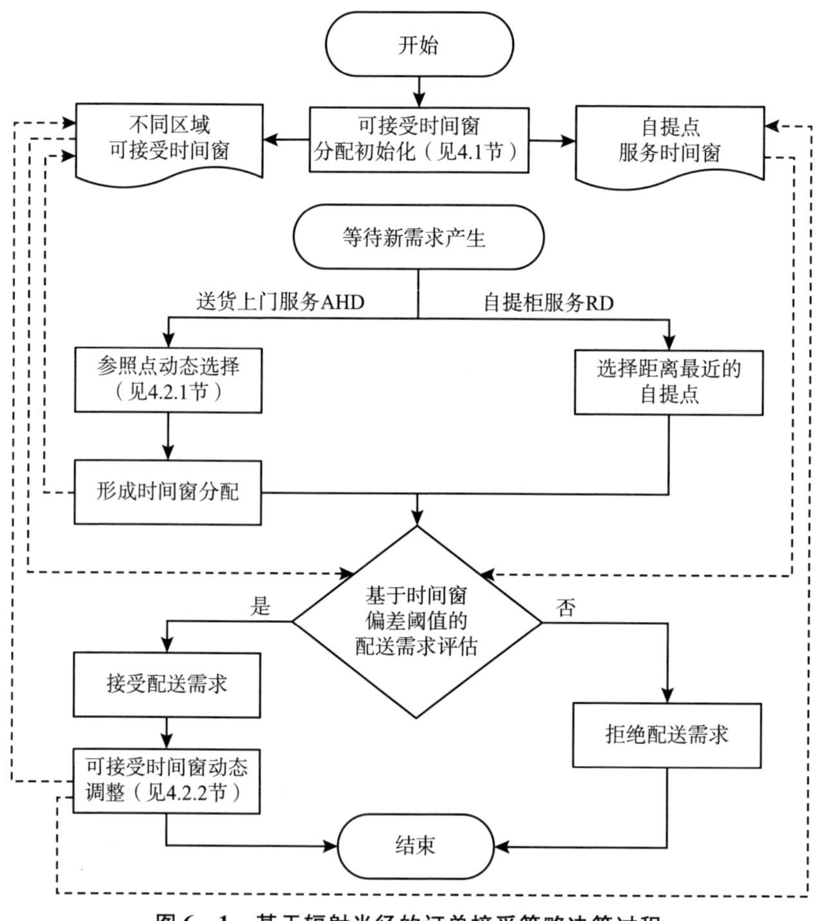

图 6－1　基于辐射半径的订单接受策略决策过程

8：00］、［8：00，9：00］、［10：00，11：00］等。以配送中心为圆心、以整数倍时间窗长度的可达距离作为辐射半径，形成多重环状辐射范围。由于路径具有方向性，包括靠近和远离配送中心两个方向，每个环状辐射范围将被分配 2 个时间窗，如灰色区域 1 可接受的时间窗包括［10：00，11：00］和［13：00，14：00］，这也意味着单个配送中心的最大配送范围大致等于单辆车最长工作时长一半的可达范围。

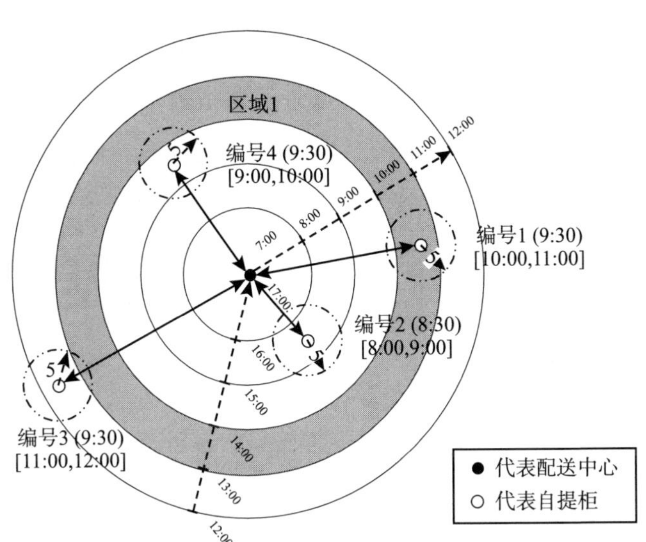

图 6－2　可接受时间窗分配初始化

在可接受时间窗分配初始化阶段，各区域可提供的服务时间窗通过环状覆盖进行了分配。处于不同位置的自提柜配送时间窗也就随之确定。例如，自提柜 1 的配送时间窗为［10：00，11：00］，预计到达时间是 9：30，意味着自提柜 1 配送到达的最晚时间为 11：00，相应地，可接受自提柜服务最早时间为 11：00。

6.3.2 AHD 配送接受策略

AHD 配送接受决策需要考虑可接受时间窗约束，即配送需求的时间窗是否满足所在区域被分配的时间窗。

1. 参照点动态选择

参照点是指构成车辆路径的已接受配送点，包括自提柜和 AHD 配送点。类似于时间窗分配初始化，每个参照点都会根据自身到达时间，形成多重环状辐射范围。随着已接受节点数量逐渐增多，不同节点为整个区域分配的时间窗数量呈现指数增长，容易使配送区域内时间窗分配混乱，影响配送路径的可执行性。设计的参照点动态选择机制，如图 6－3 所示。参照点的数量可以是 1 个，也可以是多个。参照点选择的依据是新产生配送需求的位置与已接受配送点

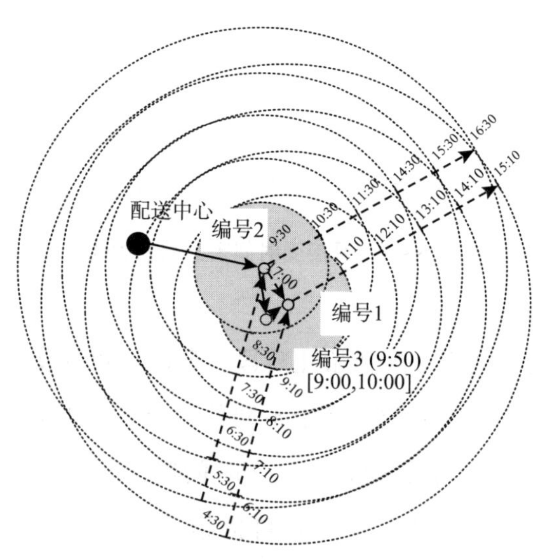

图 6－3　参照点动态选择

之间的距离，距离最小的已接受配送点为第一候选点，距离次小的已接受配送点为第二候选点，以此类推。在图 6－3 中，设参照点的数量是 2，新产生的配送点 3 与配送点 1 的距离最近，与配送点 2 的距离次之，各区域分配的时间窗由配送点 1 和配送点 2 产生，而不考虑由配送中心 N_0 形成的时间窗分配。

2. 可接受时间窗动态调整

可接受时间窗动态调整如图 6－4 所示。可接受时间窗动态调整发生在接受新 AHD 配送需求后，根据该配送点的到达时间，添加新的多重环状辐射范围。该环状辐射范围同样具有靠近配送点和远离配送点两个方向的可接受时间窗分配，同其他配送节点的环状辐射范围一起为各区域分配不同的可接受时间窗。例如，在图 6－4 所示的算例中，配送点 1 的到达时刻是 10：10，其辐射范围内的时间窗包括［10：10，11：10］、［11：10，12：10］、［9：10，10：10］等。对于区域 2，配送中心为之分配的时间窗是［9：00，10：00］和［14：00，15：00］。配送点 1 为之分配的时间窗是［10：10，11：10］和［9：10，10：10］。

3. 基于时间窗偏差阈值的配送需求评估

为了优化及调整随机到达的 AHD 配送需求 r_{ti} 命中预分配时间窗集合的概率，设计基于时间窗偏差阈值的配送需求评估。时间窗偏差值用于衡量配送需求选择的时间窗［$early_{ti}$，$late_{ti}$］与预分配时间窗集合 $SLOT'=[(Searly_i, Slate_i): i \in |S_t|]$ 的重合程度，记为 δ，其中 $|S_t|$ 表示 t 时刻配送需求 r_{ti} 所在区域预先分配的时间窗数量。时间窗偏差阈值是可接受配送需求的最大时间窗偏差值，记为 δ_{max}。

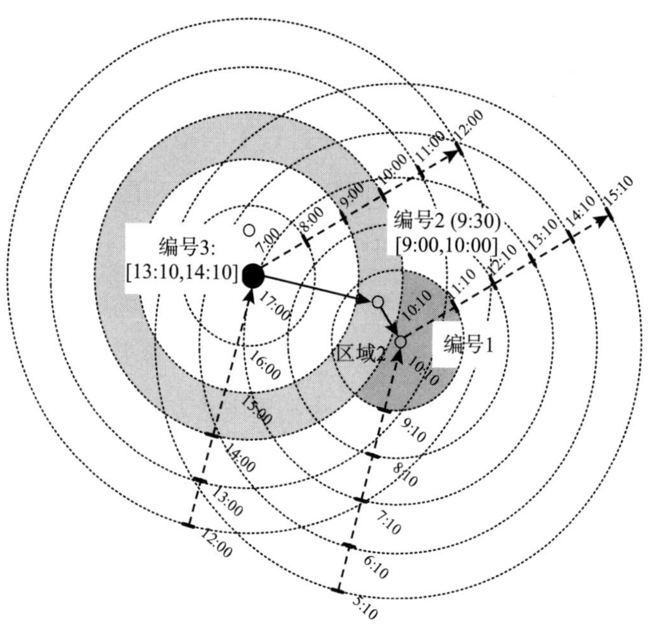

图 6－4　可接受时间窗动态调整

在配送需求评估中，首先计算预分配时间窗集合 SLOT′中每个预分配时间窗与 *AHD* 配送需求选择的时间窗偏差值 δ，计算方法如式（6.1）所示，其中 timerange 表示时间窗长度，|| 表示取绝对值。时间窗偏差值越小，则配送需求选择的时间窗与订单接受策略预分配的时间窗偏差度越低。配送需求评估的流程如图 6－5 所示。

$$\delta = |late_i - Slate_i| / timerange \tag{6.1}$$

6.3.3　RB 配送接受策略

自提柜配送接受策略需要考虑自提柜服务时间窗约束，默认选择距离配送位置最近的自提柜。自提柜配送接受策略的可接受时间

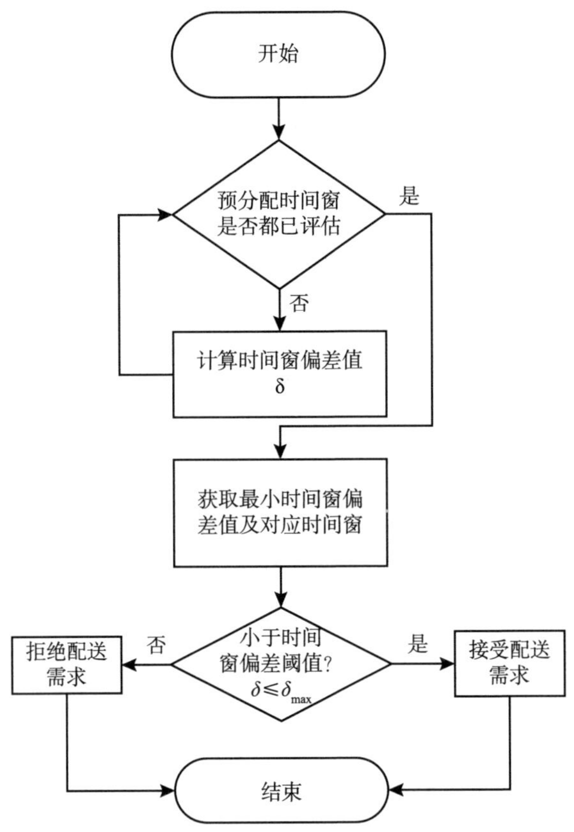

图 6-5　基于时间窗偏差阈值的配送需求评估

窗约束与送货上门服务区别在于：自提柜服务的时间窗是半开放式，即自提柜服务仅需在最早服务时间之前将货物送达自提柜即可满足时间窗约束；而送货上门服务的时间窗是闭合的，即服务时间还需要早于服务的最晚时间。RB 配送接受策略如图 6-6 所示，自提柜配送需求 7 和需求 8 距离编号 4 的自提柜最近。自提柜 4 被分配的服务时间窗是［9：00，10：00］，接受服务时间晚于 10：00 的自提柜配送需求；编号 8 的服务时间窗为［8：00，9：00］，早于自提柜的最晚服务时间，因此拒绝自提服务8；编号7的服务时间窗为［12：00，13：00］，晚于自提柜的最晚服务时间，接受配送需求7。

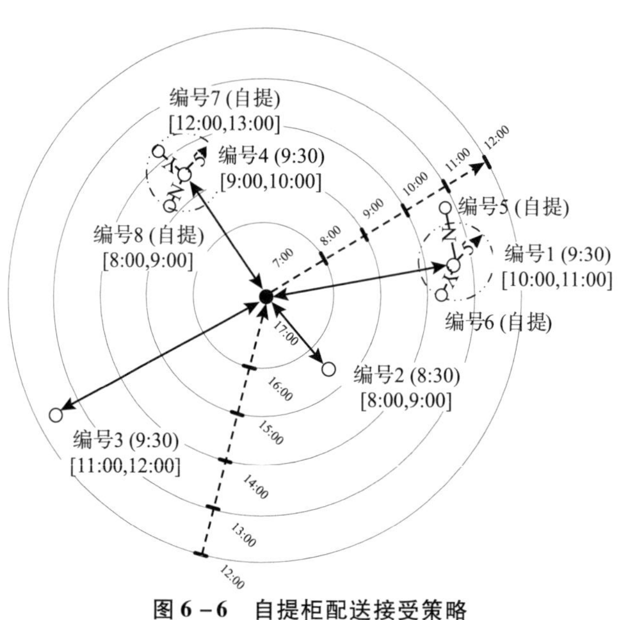

图6－6　自提柜配送接受策略

6.4　以规则为主的DVRP算法设计

在以规则为主的DVRP算法中，规则定义了配送区域内动态产生订单的遍历机制及启动路径优化算法的触发机制等。基于辐射半径的订单接受策略确定了配送区域内动态产生订单的遍历机制以及配送订单可行性的评价方法。本节主要设计启动路径优化算法的触发机制以及算法流程。对于已接受的配送服务订单，其选择的时间窗约束转换为硬时间窗约束，将以配送距离最小化为目标，使用

Solomon I1 插入算法快速更新已有配送点的到达时间，形成新的多重环状辐射范围，提高决策效率；设计全局优化触发机制，综合考虑现有配送服务时间窗硬约束，全面优化各配送点的实际到达时间及相应的时间窗分配方案，实现全局优化。

6.4.1 总体算法流程设计

设计算法的流程如图 6 - 7 所示。算法大致可以分为三个核心模块：基于辐射半径的订单接受策略、基于 Solomon I1 插入算法的现有配送点到达时间更新和全局优化。

6.4.2 基于 Solomon I1 插入算法的现有配送点到达时间更新

现有配送点到达时间更新发生在接受新的配送点后，采用 Solomon I1 插入算法[86]。设 A_t 中配送点数量为 n，配送中心以 0 标记，已启用的车辆数量为 k，$(n_1, n_2, n_3, \cdots, n_u, \cdots, n_{n+k+1})_t$ 表示当前配送路径 Γ_t，其中以 0 区隔不同配送车辆、以 n_u 代表配送点的自然编号。对于新的配送需求 r_{ti}，根据式（6.2）~ 式（6.6）计算不同插入位置 p 的 c_1 值，然后根据式（6.5），取最小 c_1 值作为最佳插入位置 u^*。并检查后续配送点的时间窗约束是否可行，若不可行则添加车辆形成新的可行路径。最后，更新各配送点的到达时间。整体算法流程如图 6 - 8 所示。

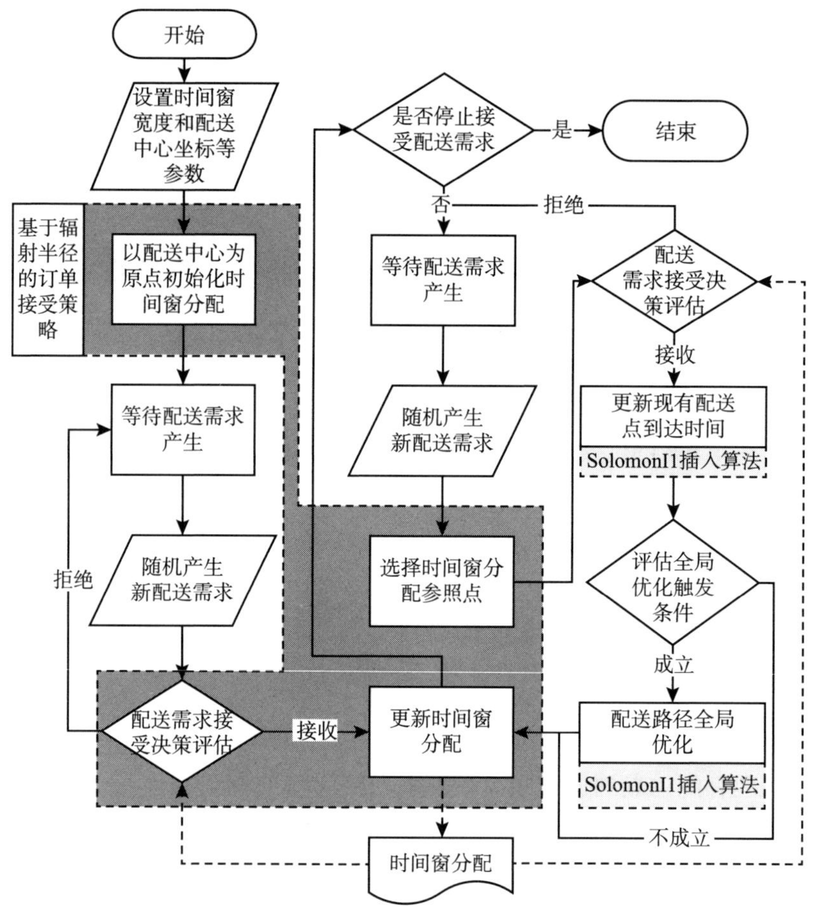

图 6－7　整体算法流程

$$c_1(j_{u*},\ r_{ti},\ k_{u*}) = \min\{c_1(j_{p-1},\ r_{ti},\ k_p)\} \tag{6.2}$$

$$c_{11}(j_{p-1},\ r_{ti},\ k_p) = d_{ji} + d_{ik} - \mu d_{jk} \tag{6.3}$$

$$c_{12}(j_{p-1},\ r_{ti},\ k_p) = t_{ak_i} - t_{ak} \tag{6.4}$$

t_{ak_i}表示插入 r_{ti}后，配送点 k 开始服务的时间。

$$c_1(j_{p-1},\ r_{ti},\ k_p) = a_1 c_{11}(j_{p-1},\ r_{ti},\ k_p) + a_1 c_{12}(j_{p-1},\ r_{ti},\ k_p) \tag{6.5}$$

其中

$$a_1 + a_2 = 1 \tag{6.6}$$

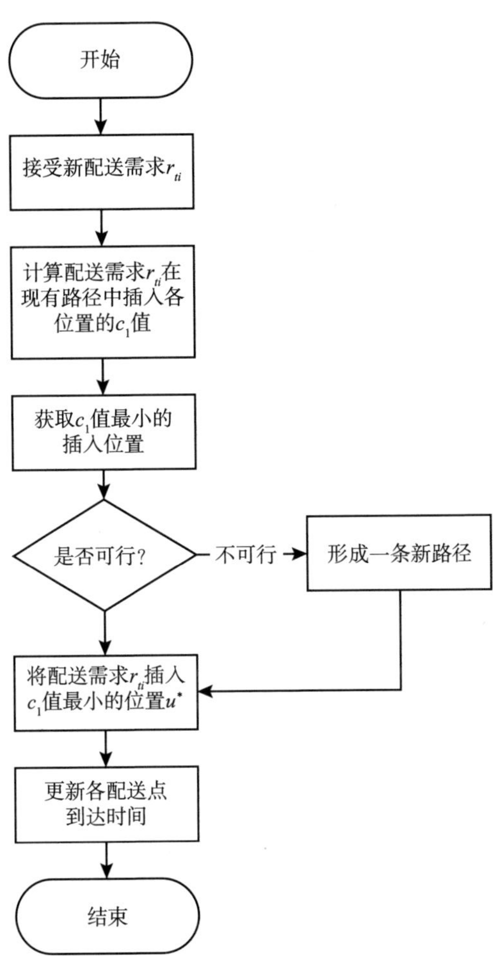

图 6－8　现有配送点到达时间更新

6.4.3 全局优化的使用

设置全局优化是在求解效率和求解质量之间寻求平衡，包括全局优化的触发条件和优化结果的采用策略。

1. 全局优化的触发条件

设计的全局优化触发条件是一个数值指标。该指标源自 Solomon 插入算法定义的前推值（Push Forward，PF）[86]。前推值是指插入新配送点后、后续节点开始服务时间延后的时长。前推值 PF 取决于插入点的开始服务时间、插入点到后续节点的行驶时间以及后续节点开始服务前的等待时间。插入新配送点后，路径上每个配送点是有差异的。PF 值的大小可以视为配送路线上时间窗分布拥挤程度的指标。若 PF 值较小，说明配送点等待服务的时间较多，比较容易在路径上插入新的配送点，路径上时间窗拥挤程度较小；反之，则说明路径上时间窗比较紧密，较难插入新的配送点。设计的全局优化触发条件是：当前路线中某个节点的前推值大于预先设定的最大前推值，则需要启动全局优化流程。

2. 全局优化结果的采用策略

由于插入算法计算结果的随机性，全局优化的计算结果不一定优于当前计算结果。以完成当前订单集合的行驶距离为依据，设计了三种全局优化结果的采用策略，记全局优化前行驶距离为 TD_b，全局优化后行驶距离为 TD_a。

（1）条件接受。全局优化后，若行驶距离小于优化前的配送方案，即 $TD_a < TD_b$ 成立，则接受全局优化结果作为当前配送方案；

否则，将拒绝接受全局优化结果。

（2）全部接受。该策略无论全局优化后的距离是否得到减少，都将接受全局优化的结果作为当前配送路径方案。

（3）模拟退火接受。该接受策略借鉴模拟退火思想，若行驶距离小于优化前的配送方案，即 $TD_a < TD_b$ 成立，则接受全局优化结果作为当前配送方案；若行驶距离大于优化前的配送方案，即 $TD_a > TD_b$ 成立，则以固定概率 p 接受全局优化结果作为当前配送方案。

6.5　仿真分析

设定配送订单的接受周期 T 为 960 分钟，开始接受下一批次配送订单的时刻记为 0 时刻，960 分钟后停止接受本批次订单并开始配送。基于假设 1 和假设 2，在［0，960）内，配送需求到达的时间间隔服从指数分布。算法采用 Matlab R2017a 版本，使用 Matlab 脚本语言实现；仿真分析环境为 Intel Core i7 – 6700 CPU、16G 内存和 Windows 10 专业版。仿真涉及的参数如表 5 – 1 所示。

6.5.1　仿真算例设计

仿真算例基于 Solomon 标准库 RC201 和 RC206 算例设计。详情参见 5.5.1 节。

6.5.2 仿真结果

本节从收益、总距离和计算耗时评估设计的订单接受策略和优化算法性能。对于设计的优化算法，关注全局优化结果采用策略对最终结果的影响。

1. 实验结果概述

仿真实验分为两种订单接受策略、共5种情形分别展开。两种订单接受策略包括策略Ⅰ先到先服务（first come and first serve，FCFS）和策略Ⅱ基于辐射半径的订单接受策略，其中策略Ⅱ又细分为4种情形：①关闭全局优化；②全局优化结果条件接受；③全局优化结果全部接受；④模拟退火接受。对于RC201算例和RC206算例，每个类别分别实验15次获取的RB收益、AHD收益和行驶距离的箱形图分别如图6－9和图6－10所示。

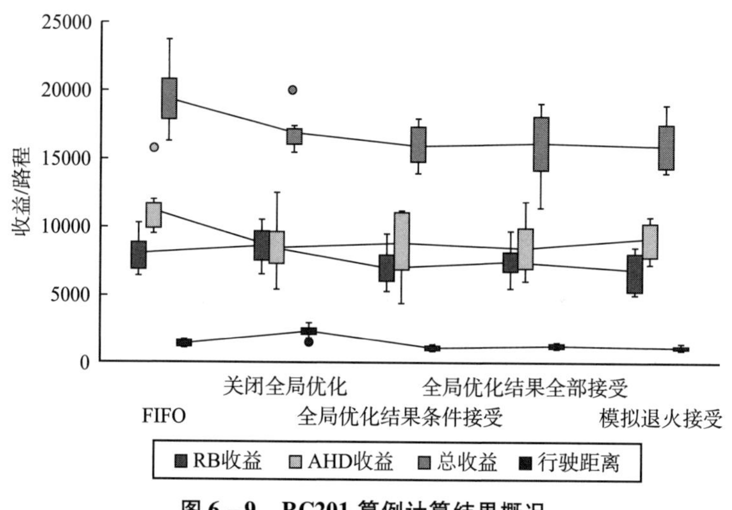

图6－9　RC201算例计算结果概况

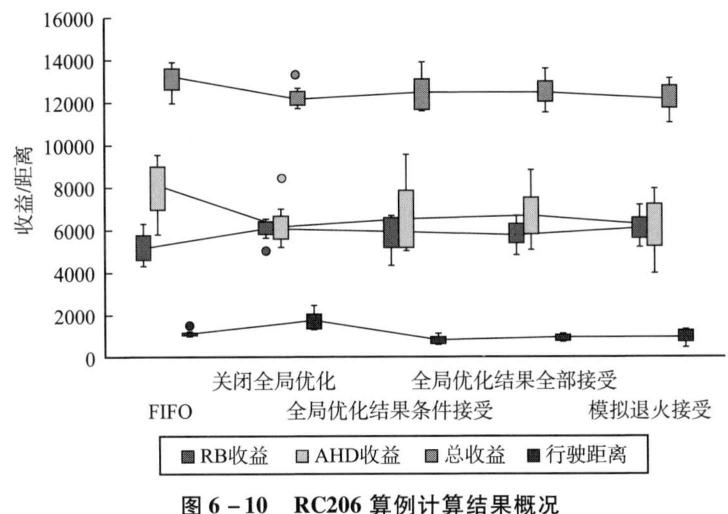

图 6－10　RC206 算例计算结果概况

由图 6－9 和图 6－10 可知，对于 RC201 算例和 RC206 算例来说，不同情形下 RB 收益、AHD 收益、总收益和行驶距离的变化态势大体类似。策略Ⅰ的总收益最高，但耗费的行驶距离超过了策略Ⅱ基于辐射半径的订单接受策略；在策略Ⅱ下，情形①的行驶距离最多，获取的 RB 服务收益和 AHD 服务收益基本平衡；情形②、情形③和情形④中，AHD 服务的收益高于 RB 服务收益。

2. 收益最大化的结果比较

鉴于配送服务收益与行驶距离目标相悖，对仿真结果的分析分配送收益最大和配送距离最小两个视角进行。RC201 算例和 RC206 算例收益最大化的仿真结果如表 6－1 所示。

由表 6－1 可知，在收益最大化的目标偏好下，策略Ⅰ仅考虑车辆数量和自提柜服务能力约束，接受 RB 订单和 AHD 订单数量及获取的收益均大于策略Ⅱ。以策略Ⅱ中情形②为例，对于 RC201 算例，先到先服务策略获取的收益增加了 31.89%，而总距离却增长

表 6－1　　收益最大化

策略		策略Ⅰ：先到先服务		策略Ⅱ：基于辐射半径的订单接受策略							
序号	情形	—		①关闭全局优化		②全局优化条件接受		③全局优化全部接受		④模拟退火接受	
	算例	RC201	RC206	RC201	RC206	RC201	RC206	RC201	RC206	RC201	RC206
1	RB 收益	8040	4400	9470	5000	7950	**5200**	**9720**	4800	8580	**5200**
2	AHD 收益	**15740**	**9600**	8020	8400	10080	8000	8900	8800	10480	8000
3	总收益	**23780**	**14000**	17490	13400	18030	13200	18620	13600	19060	13200
4	行驶距离	1508. 1	1129. 7	2280. 9	1561. 2	**1057. 5**	**960. 0**	1493. 0	957. 8	1471. 6	1024. 9
5	RB 订单数量	50	25	53	**28**	43	24	**56**	27	45	27
6	AHD 订单数量	**44**	20	24	17	33	**21**	27	18	35	18
7	拒绝订单数量	0	0	**10**	3	3	**10**	9	5	9	6
8	车辆数量	**5**	3	3	4	3	3	4	3	3	3
9	平均接受决策耗时	**0. 0000**	**0. 0000**	0. 0013	0. 0007	0. 0010	0. 0014	0. 0000	0. 0009	0. 0004	0. 0003
10	平均路径更新耗时	0. 0012	**0. 0010**	0. 0016	0. 0028	**0. 0008**	0. 0024	0. 0013	0. 0021	0. 0012	0. 0045
11	平均全局优化耗时	0. 0344	**0. 0104**	—	—	0. 0104	0. 0182	**0. 0041**	0. 0141	0. 0063	0. 0174

了42.61%；对于RC206算例，先到先服务策略获取的总收益增加了6.06%，而总距离超过了17.68%。先到先服务策略获取配送收益的增长幅度远小于行驶距离的增长幅度，并不能有效平衡配送收益和行驶距离。

全局优化结果的采用策略对最终结果存在显著影响。对于RC201和RC206算例，在关闭全局优化的情形下，获取的收益以及耗费的距离均不占优势，行驶距离在所有实验情形下是最大的。在情形③全局优化全部接受的情境下，RC201算例收益较情形②增长了3.27%，但是耗费的行驶距离却增加了41.19%；RC201算例收益较情形④下降了2.31%，而行驶里程却增加了1.46%。对于配送数量较少的RC206算例，两者的差异不太明显。

接受决策耗时是根据参照点形成可接受时间窗、并进行时间窗匹配度评估的计算耗时；路径更新耗时是在接受新配送点后对已接受配送点的到达时间进行更新的耗时；全局优化耗时是对已接受配送点根据其选择的时间窗进行重新优化的耗时。从时间性能看，基于辐射半径的订单接受策略与先到先服务策略差异较小，均处于10^{-1}和10^{-2}级别，不存在数量级上的差异，体现了设计的接受策略和算法具有较好的时间效能。

3. 配送距离最小的结果比较

由表6-2可知，与收益最大化的结果类似，先到先服务策略在RC201算例中能获取更高的配送收益，但其行驶距离增长幅度高于收益增长幅度，削弱了该策略的配送经济性。对于配送点数量较小的RC206算例，先到先服务策略获取的最大收益反而小于策略Ⅱ。

表 6－2　　距离最小化

序号	策略	策略Ⅰ：先到先服务		策略Ⅱ：基于辐射半径的订单接受策略							
	情形	—		①关闭全局优化		②全局优化条件接受		③全局优化全部接受		④模拟退火接受	
	算例	RC201	RC206	RC201	RC206	RC201	RC206	RC201	RC206	RC201	RC206
1	RB 收益	6600	6300	7540	5200	**9570**	6700	5480	6700	5360	**7200**
2	AHD 收益	**12080**	5800	9520	**8000**	4500	5000	6100	5000	9440	4000
3	总收益	**18680**	12100	17060	**13200**	14070	11700	11580	11700	14800	11200
4	行驶距离	1104. 33	1105. 3	1461. 97	1630. 94	**882. 197**	**591. 983**	995. 089	758. 699	995. 936	473. 714
5	RB 订单数量	39	27	41	24	**52**	31	32	33	36	**36**
6	AHD 订单数量	**35**	18	32	**21**	18	14	20	12	26	9
7	拒绝订单数量	0	0	11	5	**15**	**9**	12	13	8	6
8	车辆数量	3	3	**4**	**4**	2	3	3	2	2	1
9	平均接受决策耗时	**0. 0000**	**0. 0000**	0. 0004	0. 0000	0. 0004	0. 0000	0. 0020	0. 0011	0. 0004	0. 0000
10	平均路径更新耗时	0. 0019	0. 0028	0. 0019	0. 0056	0. 0027	0. 0035	**0. 0012**	0. 0035	0. 0020	**0. 0021**
11	平均全局优化耗时	0. 0313	0. 0417	—	—	0. 0122	**0. 0052**	0. 0156	0. 0120	**0. 0104**	0. 0089

全局优化的使用直接影响订单接受策略的收益和配送距离。RC201 和 RC206 算例的结果显示，关闭全局优化，将会降低获取的收益，并产生更多的配送距离；情形③全局优化全部接受并不明显优于情形②全局优化条件接受和情形④模拟退火接受。

总之，先到先服务策略虽然能够获取更高的收益，但行驶距离增长幅度高于收益增长幅度。提出的订单接受策略能够在配送距离和配送成本之间取得平衡。在算法中有效使用全局优化方法能够提高配送收益，并减少配送距离。从 RC201 和 RC206 算例看，情形③全局优化全部接受并不明显优于情形②全局优化条件接受和情形④模拟退火接受。

6.5.3　参照点数量的影响

本节主要分析参照点数量对配送方案收益和行驶距离等指标的影响。参照点的数量越多，每个配送区域分配的可接受时间窗越多，各区域新产生订单的接受概率越大，相应地影响收益和行驶距离。RC201 算例和 RC206 算例随着参照点数量增多，获取的配送方案各指标变化如表 6 – 3 和表 6 – 4 所示。

表 6 – 3 和图 6 – 11 显示，在 RC201 算例中，参照点的数量对算法的时间性能、配送收益和行驶距离均产生了显著影响。

图 6 – 11（a）显示，平均路径更新耗时呈现先下降后波动上升的趋势，而平均接受决策耗时呈现先上升后下降的趋势。提供较少的可选时间窗，使得新接受配送点选择的时间窗更好地契合较近距离参照点分配的时间窗，降低了现有配送路径的更新时间，但增加

表 6－3　参照点数量的影响（RC201 算例）

算例：RC201		参照点数量									
序号	指标	1	2	3	4	5	6	7	8	9	10
1	RB 收益	6210	7800	7950	9060	7500	7670	9590	7570	9020	4520
2	AHD 收益	7200	5020	10080	9480	12720	9620	12640	8380	9100	10440
3	总收益	13410	12820	18030	18540	20220	17290	22230	15950	18120	14960
4	行驶距离	890. 36	713. 48	1057. 47	1053. 44	1805. 88	1283. 93	1400. 43	1231. 94	1190. 73	1324. 89
5	RB 订单数量	34	42	43	52	43	43	57	44	46	28
6	AHD 订单数量	19	16	33	28	39	30	37	23	33	30
7	拒绝订单数量	25	17	3	9	4	8	9	2	7	5
8	车辆数量	3	3	3	3	5	3	3	4	4	3
9	平均接受决策耗时	0. 0006	0. 0008	0. 0010	0. 0009	0. 0005	0. 0004	0. 0009	0. 0009	0. 0009	0. 0002
10	平均路径更新耗时	0. 0024	0. 0016	0. 0008	0. 0016	0. 0023	0. 0030	0. 0012	0. 0026	0. 0016	0. 0019
11	平均全局优化耗时	0. 0273	0. 0122	0. 0104	0. 0104	0. 0182	0. 0098	0. 0156	0. 0074	0. 0072	0. 0156
12	收益/距离比	15. 0613	17. 9681	17. 0501	17. 5995	11. 1968	13. 4665	15. 8736	12. 9471	15. 2175	11. 2915

表6－4　**参照点数量的影响（RC206 算例）**

算例：RC206		参照点数量									
序号	指标	1	2	3	4	5	6	7	8	9	10
1	RB 收益	6300	6000	5200	6200	6200	5900	5500	5700	5400	4900
2	AHD 收益	5800	6400	8000	6000	6000	6600	7400	7000	7600	8600
3	总收益	12100	12400	13200	12200	12200	12500	12900	12700	13000	13500
4	行驶距离	861.19	931.75	960.02	865.20	875.19	774.98	1057.04	1039.85	921.24	1229.02
5	RB 订单数量	31	29	24	31	29	31	23	26	26	23
6	AHD 订单数量	14	16	21	14	16	14	22	19	19	22
7	拒绝订单数量	11	6	10	7	2	2	3	2	5	0
8	车辆数量	2	3	3	2	3	4	2	2	2	3
9	平均接受决策耗时	0.0006	0.0012	0.0014	0.0006	0.0013	0.0020	0.0007	0.0043	0.0013	0.0017
10	平均路径更新耗时	0.0031	0.0024	0.0024	0.0017	0.0035	0.0010	0.0031	0.0052	0.0031	0.0021
11	平均全局优化耗时	0.0052	0.0072	0.0182	0.0156	0.0208	0.0099	0.0104	0.0125	0.0208	0.0078
12	收益/距离比	14.0503	13.3083	13.7497	14.1008	13.9399	16.1295	12.2039	12.2132	14.1114	10.9844

了整个配送路径重构的概率；提供较多的时间窗，有利于为新接受的配送点在现有路径结构中提供多个插入位置，增加了现有路径的更新时间，但降低了整个配送路径重构的概率。两种情形共同作用使得路径更新耗时呈现先下降后波动上升的趋势。随着参照点数量增多，接受决策时需要比较的可接受时间窗逐渐增多，使得用于评估时间窗偏差值的时间增加，同时直接获取到与新产生需求选择时间窗高度匹配的时间窗概率增大，这又减少了接受决策耗费的时间，两种情形共同作用使得接受决策时间呈现先上升后降低的趋势。

图6－11（b）显示，随着决策参照点数量增多，总收益和行驶距离都在逐渐增长。其原因在于：参照点数量越多，每个区域分配的时间窗也随之增多；新产生配送需求被接受的概率增大，被拒绝的订单数量逐渐减少，总配送收益逐渐增多；同时随着时间窗可行性约束逐渐放宽，距离相近配送点选择的时间窗更加多样化，相应地，为了满足更加差异化的时间窗分布，配送距离会增加。另外，由于每个区域被分配的时间窗数量增多，新产生 AHD 配送需求命中预分配时间窗的概率增大，对应的 AHD 服务收益随着参照点数量增对而逐渐上升，而 RB 服务收益取决于 RB 服务订单产生的概率，总体变化趋势不明显，因此，总收益随着 AHD 收益的增加而呈现上升趋势。

图6－11（b）还显示，收益/距离之比呈现震荡下降态势。在参照点数量较小时，配送区域分配的时间窗较少，被拒绝的订单数量较多，但行驶距离较小，收益/距离比较高；随着参照数量逐渐增多，配送区域分配的时间窗数量呈指数增长，新配送需求可选时间窗多样化，此时距离增长速度快于收益增长速度，收益/距离逐渐下降。

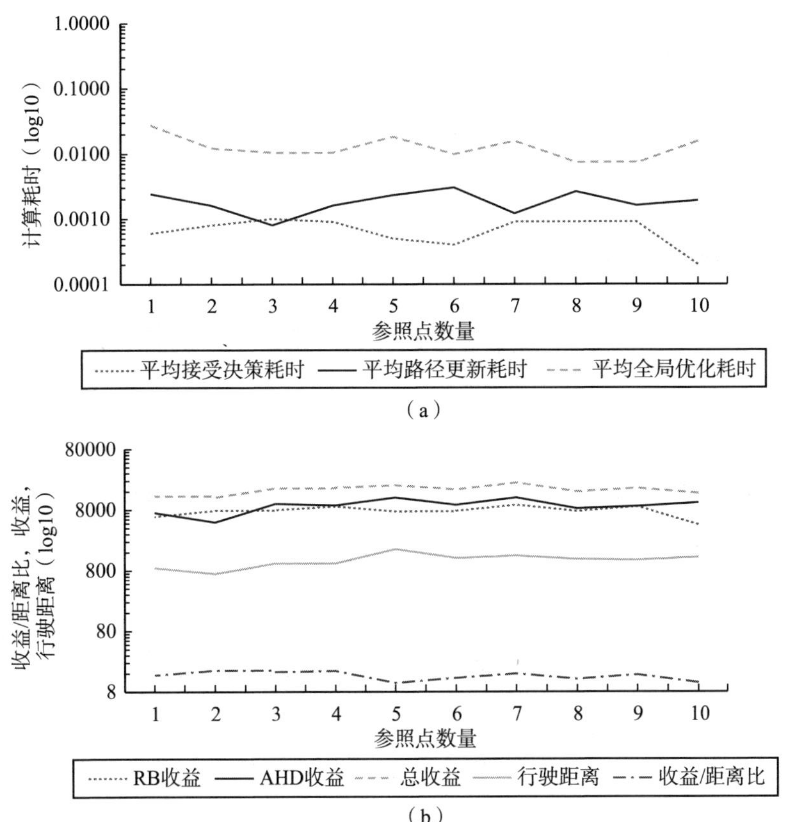

图 6－11　RC201 算例参照点数量的影响

表 6－4 和图 6－12 显示，在 RC206 算例中，参照点数量对路径更新耗时的影响与 RC201 算例中一致，即平均路径更新耗时呈现先下降后波动上升的趋势。参照点数量对 AHD 服务收益、RB 收益和总收益、行驶距离的影响一致，即 AHD 服务收益随着参照点数量增加逐渐上升，RB 服务收益变化趋势不明显，因此总收益随着 AHD 收益的增加呈现上升趋势。

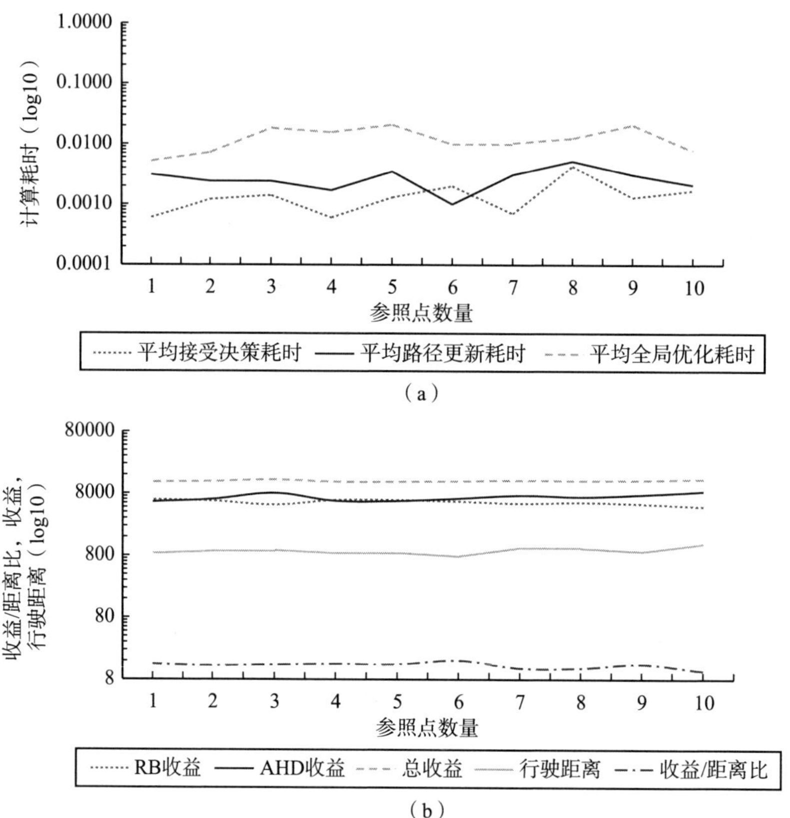

图 6－12　RC206 算例参照点数量的影响

图 6－12 显示，对于 RC206 算例来说，总收益和行驶距离随着参照点数量增多也在逐渐增加，但由于 RC206 算例配送点数量较少，当参照点数量较多时，所有新产生的需求均已接受，由于启发式算法的随机性，行驶距离存在一定波动性，收益/距离比在参照点较多时变化趋势不太明显。时间性能方面，无论平均路径更新耗时还是平均接受决策耗时，RC206 算例的变化趋势与 RC201 算例基本一致。

总之，参照点数量对 AHD 服务收益、RB 收益和总收益、行驶距离及算法性能均存在影响。其中，AHD 服务收益随着参照点数量增加而逐渐上升，而 RB 服务收益变化趋势不明显，总收益随着 AHD 收益的增加而呈现上升趋势；收益/距离之比呈现震荡下降态势；平均路径更新耗时呈现先下降后波动上升的趋势。

6.5.4　时间窗宽度的影响

时间窗宽度（time slot interval）是指顾客可选择的服务开始和停止时刻之间的时间段长度。时间窗宽度通常是由城市配送服务供应商预定义。使用基于辐射半径的订单接受策略，RC201 算例和 RC206 算例在不同时间窗宽度下，仿真结果分别如表 6 –5 和表 6 –6 所示。

从表 6 –5 和图 6 –13 可知，随着时间窗宽度从 60 分钟延长到 240 分钟，AHD 收益逐渐增加，RB 收益呈现波动态势，因此总收益呈现上升趋势。增长的 AHD 配送需求，需要车辆访问更多的配送点，因此行驶距离呈现逐渐增长的趋势。收益/距离的最小值 12.5211 是在 150 分钟的时间窗宽度时获取，其余时间窗宽度的收益/距离比波动均在 +4 的范围内，收益/距离比的偏差值并不大，体现了基于辐射半径接受策略能够较好地控制车辆行驶距离。从计算耗时看，RC201 算例中，平均路径更新时间随着时间窗宽度增加而逐渐减少。时间窗宽度增加，使得每个配送点的服务时间窗对于车辆到达时间的约束放宽，同一配送点在路径上可插入的位置增多，新插入配送点对原有路径的影响减少，路径重构的概率减少，因此路径更新时间逐渐降低。

表 6－5　　时间窗宽度的影响（RC201 算例）

算例：RC201		时间窗宽度								
序号	指标	60	90	120	150	180	210	240	270	300
1	RB 收益	8470	5740	8150	7740	7140	8840	7580	7300	7630
2	AHD 收益	4980	8060	8940	8200	10880	12020	12960	15440	16460
3	总收益	13450	13800	17090	15940	18020	20860	20540	22740	24090
4	行驶距离	831. 716	943. 276	935. 621	1273. 047	1333. 462	1378. 958	1328. 670	1389. 926	1542. 132
5	RB 订单数量	49	37	52	43	43	46	42	45	45
6	AHD 订单数量	14	23	26	26	34	39	41	43	48
7	拒绝订单数量	21	17	11	4	3	3	1	1	5
8	车辆数量	4	4	2	3	6	2	3	3	5
9	平均接受决策耗时	0. 0004	0. 0006	0. 0014	0. 0006	0. 0008	0. 0007	0. 0013	0. 0007	0. 0008
10	平均路径更新耗时	0. 0055	0. 0021	0. 0056	0. 0029	0. 0039	0. 0017	0. 0015	0. 0007	0. 0018
11	平均全局优化耗时	0. 0142	0. 0104	0. 0222	0. 0069	0. 0142	0. 0122	0. 0100	0. 0104	0. 0156
12	收益/距离比	16. 1714	14. 6299	18. 2659	12. 5211	13. 5137	15. 1274	15. 4591	16. 3606	15. 6212

表 6－6 时间窗宽度的影响（RC206 算例）

算例：RC206		时间窗长度								
序号	指标	60	90	120	150	180	210	240	270	300
1	RB 收益	7500	5900	5800	5600	5500	5700	4700	5200	3900
2	AHD 收益	3400	6600	6800	7200	7400	7000	9000	8000	10600
3	总收益	10900	12500	12600	12800	12900	12700	13700	13200	14500
4	行驶距离	492. 484	827. 487	1001. 074	852. 585	768. 363	1115. 931	907. 194	861. 607	1283. 777
5	RB 订单数量	38	29	28	25	28	28	25	27	21
6	AHD 订单数量	7	16	17	20	17	17	20	18	24
7	拒绝订单数量	15	13	6	8	2	6	1	1	1
8	车辆数量	3	2	2	2	2	2	2	2	2
9	平均接受决策耗时	0. 0013	0. 0008	0. 0006	0. 0006	0. 0007	0. 0015	0. 0010	0. 0014	0. 0020
10	平均路径更新耗时	0. 0024	0. 0021	0. 0049	0. 0024	0. 0028	0. 0024	0. 0035	0. 0031	0. 0024
11	平均全局优化耗时	0. 0067	0. 0156	0. 0188	0. 0141	0. 0134	0. 0234	0. 0547	0. 0089	0. 0938
12	收益/距离比	22. 1327	15. 1060	12. 5865	15. 0132	16. 7889	11. 3806	15. 1015	15. 3202	11. 2948

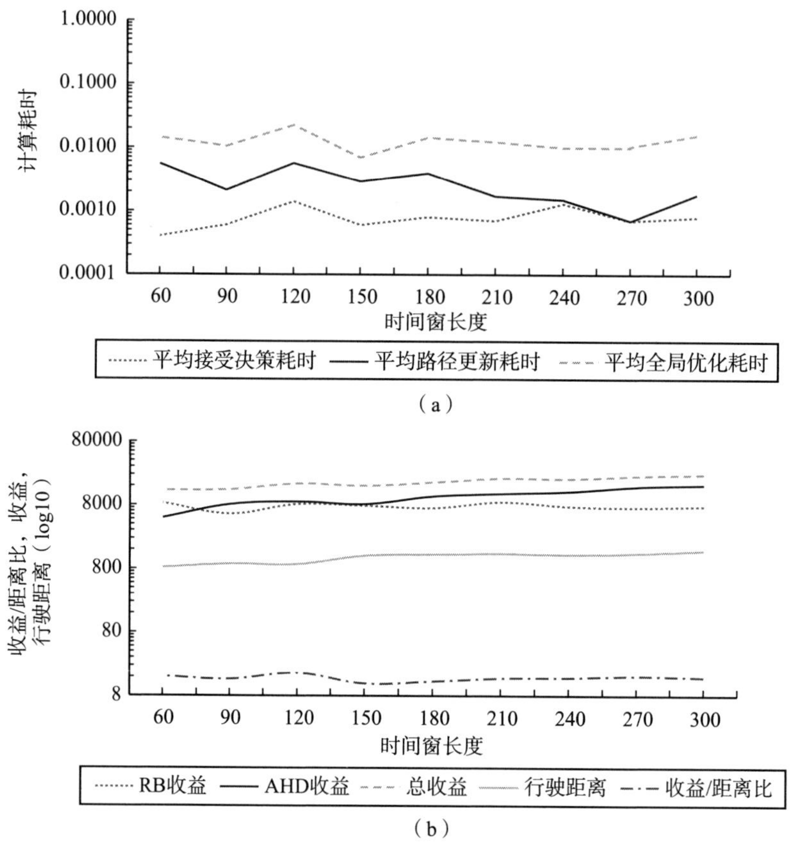

图 6－13　时间窗宽度的影响（RC201 算例）

从表 6－6 和图 6－14 可知，在 RC206 算例中，时间窗宽度对 RB 收益、AHD 收益、总收益以及行驶距离的影响，与 RC201 算例一致；时间性能方面，平均路径更新时间还是呈现下降趋势，由于 RC206 算例中配送点的数量小于 RC201 算例，计算耗费时间的变化趋势随时间窗宽度的变化不明显。

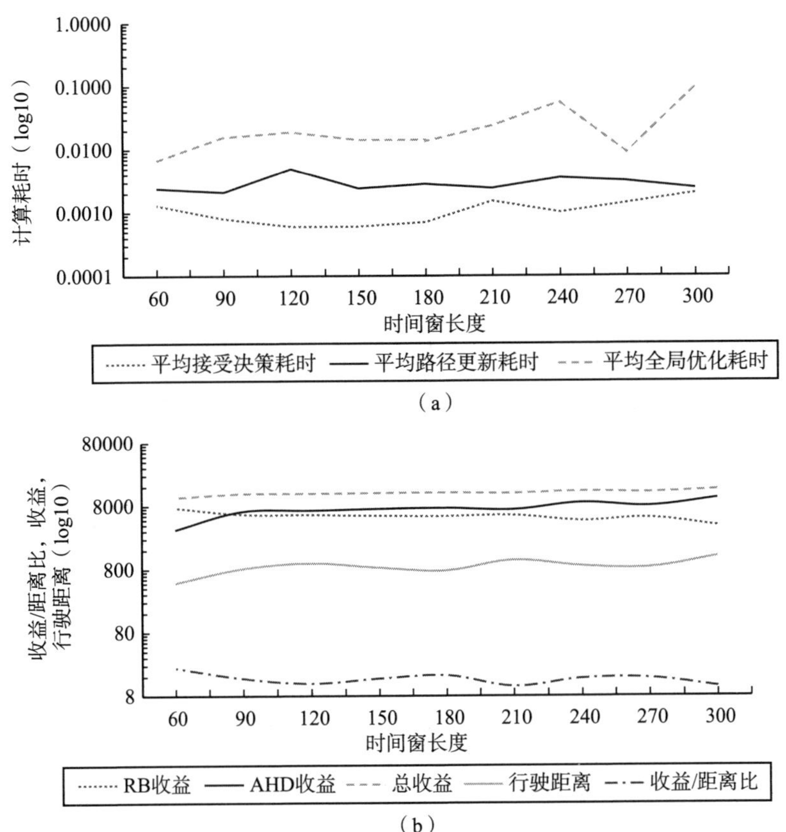

图 6－14　时间窗宽度的影响（RC206 算例）

总之，时间窗宽度是影响城市配送收益的重要因素，随着时间窗宽度逐渐增加，AHD 收益和总收益呈现上升趋势，时间窗宽度增加，放松了车辆路径规划到达时间约束，使得相同车辆数量能够接受更多的 AHD 交付，从而提高整个配送批次的服务收益。

6.6 小　　结

顾客可选末端交付方式和时间窗，是城市配送从标准化服务向定制化服务升级的重要维度。城市配送后端的车辆路径规划需要满足顾客定制服务选项带来的动态性挑战。鉴于此，本文面向顾客可选末端交付方式和时间窗的情景，设计了基于辐射半径的订单接受策略，包括可接受时间窗分配初始化、可接受时间窗动态调整、参照点动态选择及基于时间窗偏差阈值的配送需求评估；并构建了基于规则的硬时间窗动态车辆路径问题求解算法。通过先到先服务策略与基于辐射半径的订单接受策略对比表明，设计的策略能够实现配送收益和行驶距离的有效平衡；在算法中有效使用全局优化方法能够提高配送收益，并压缩配送距离。从 RC201 和 RC206 算例看，全局优化全部接受并不明显优于条件接受和模拟退火接受；基于辐射半径的订单接受策略在平均接受决策耗时、路径更新耗时和全局优化耗时与先到先服务策略差异较小。随着决策参照点数量增多，总收益和行驶距离都在逐渐增长，收益/距离之比呈现下降趋势，需要根据实际情况优化配置参照点数量。随着时间窗宽度逐渐增加，AHD 收益和总收益呈现上升趋势，时间窗宽度增加，放松了车辆路径规划到达时间约束，使得相同车辆数量能够接受更多的 AHD 交付，从而提高整个配送批次的服务收益。

第 7 章

可选末端交付方式和时间窗的城市配送服务选项多目标联合定价研究

7.1 引　　言

随着线上超市、外卖、生活服务等新零售业态的发展，顾客对城市配送末端交付方式和时间窗等服务选项存在差异化需求，例如餐食外卖更需要在偏好时段送货上门，而一般日用品包裹常常放在自提柜或自提点即可。顾客可选服务选项逐渐成为城市配送末端交付的发展趋势之一[16,72]。我国京东、菜鸟、顺丰，国外 Tesco、ALDI、Sainsburys 等企业已经开始为顾客提供不同的交付方式和精确到 1 小时的时间窗等服务选项；此类定制化配送订单的增长率在英国接近 14%[34]。在普惠通用型配送服务的基础上，提供差异化服务选项，可以帮助供应商创新配送产品矩阵及盈利方式，同时也对服务供应商的运作管理带来了挑战。如何平衡配送成本与收益，成为服务供应商可持续性开展定制化配送的难题[88]。

在城市配送末端交付运作中，以更低的成本设计车辆调度及路径方案，是定制化配送可持续运营的前提之一[34]。以时间窗为例，鉴于顾客送达时间依赖于车辆访问顺序，基于地理位置主动引导顾客选择恰当的时间窗，对于获取具有成本优势的车辆路径方案有重要作用。相关研究也表明，顾客对于多个接近的时间窗没有明显偏好；时间窗差异化定价，直接影响顾客的选择行为[29]。在时间窗约束下，自提柜交付仅需在最晚配送时间之前送达，通常不存在最早配送时间约束，自提柜交付可以实现前置配送。使用价格手段，引导某些服务成本较高的送货上门交付转换为自提柜交付，对于提高顾客满意度、降低定制化配送运营成本具有重要作用。

目前关于配送服务选项定价的研究，主要关注送货上门交付（attended home delivery，AHD）下的时间窗定价，该问题属于时间窗管理（time slot management，TSM）领域的重要研究内容之一。时间窗管理研究将时间窗作为内生变量，主要关注时间窗宽度影响[41]、时间窗分配[35,36,42,45]、时间窗定价等问题。详细的研究总结可以参见阿加特兹等（Agatz et al.，2008）[89]；阿加特兹等（2011）[35]；赫尔南德兹（Hernandez，F. et al.，2017）[90]等。

关于送货上门交付下时间窗定价问题的研究大致可以分为静态定价和动态定价两类[91]。静态时间窗定价通常是离线基于预测数据进行的，首先建立顾客选择模型，然后构建收益模型进行定价，这类研究通常可以为时间窗长度、数量的设定及平峰时段的价格折扣等问题提供参考[88]。例如，陈淮莉等（2018）基于不确定性期望效用理论和 AHP 方法，提出关于时间窗价格和宽度的客户满意度模型，根据网络零售商收益偏好建立考虑客户满意度和期望收益的双目标时间窗定价模型[92]；克雷恩等（Klein et al.，2019）使用基于秩次的方法描述顾客对时间窗的选择行为，然后基于混合整数线性规划模型构建了时间窗定价模型[34]。动态时间窗定价通常是在线基于实时订单进行的，需要根据到达订单的特点，例如地理位置、当前可用车辆、配送成本等，进行“一对一”的定价，当静态定价根据信息更新进行实时调整时也就演化为动态定价[88]。例如，卡普贝尔和沙维尔斯伯格（Campbell & Savelsbergh，2006）考虑使用价格折扣，使消费者选择较宽的时间窗，进而降低配送路径的成本[29]；徐朗和陈淮莉（2015）考虑随时隙运力变化的需求特征以及客户与容量之间相互作用关系，建立基于最大订单数量和最优时隙容量的动态定价模型[93]；杨等（Yang et al.，2016）使用离散多项选择模型描述顾客的选择行为，研究了时间窗价格折扣的动态优化设计及相应的配送成本预估算法，以引导顾客选择配送成本更低的时间窗[88]。

本章的研究还涉及离散选择模型（discrete choice methods），该模型自提出以来逐渐成为定量化分析个体选择行为的重要工具，并根据应用需求从基本的多项 Logit 模型发展出了嵌套 Logit 模型、一般极值模型、混合 Logit 模型等[94,95]。在城市配送领域，早期主要使用多项 Logit 模型描述顾客对时间窗的选择行为，如阿斯德密尔（Asdemir，K.，2009）[31]。后来，鉴于多项 Logit 模型存在“与其他选择无关”的特性，研究开始使用嵌套 Logit 模型描述顾客选择配送服务的相关性，例如陈淮莉等（2017）考虑了顾客选择上午或下午时间窗的相关性[96]；邱晗光等（2018）考虑了顾客在选择末端交付方式和配送时间窗的相关性[87]。

总体上看，时间窗定价的研究是面向送货上门交付，这与国外以独立房屋居住为主的实际情况吻合。然而在中国城市化进程中，城市居民以高层建筑集中居住为主，考虑自提柜（reception boxes，RB）和送货上门组成的复合末端交付方式更符合中国国情。自提柜交付可以批量化操作，从耗费的操作时间及配送距离来说，其运营成本通常低于送货上门交付，使得自提柜交付与送货上门交付的定价可以差异化。另外，在时间窗约束下，自提柜交付仅需在最晚服务时间之前送达，通常不存在最早服务时间约束，自提柜交付实行前置配送。使用价格手段，引导某些服务成本较高的送货上门需求转换为自提柜交付，对于提高顾客满意度、降低定制化配送服务的运营成本具有重要作用。而目前考虑末端交付方式及时间窗联合定价的研究还比较少。

本章首先构建考虑配送服务选项联合定价的嵌套 Logit 模型，区分顾客选择交付方式和时间窗的相关性，量化考虑服务定价的顾客选择行为；然后，考虑配送成本最小化和期望收益最大化，研究送货上门交付、自提柜交付及不同时间窗的多目标联合定价问题，以期对城市配送服务供应商开展定制化配送提供决策参考。

7.2 问题描述及参数定义

城市配送服务供应商在既定区域为顾客提供服务选项可定制的配送服务，包括送货上门（简称为 AHD 交付）、自提柜（简称为 RB 交付）两种末端交付方式（记为 $D=\{AHD, RB\}$）及时间窗集合（记为 $SLOT$），形成完整的服务选项集（记为 $D \times SLOT$）。其中，RB 交付可以泛指无须顾客与配送人员面对面进行商品交接的交付方式，常见的小区门卫代收、公司代收、蚂蚁驿站等非接触交付方式均可归为此类。

结合城市配送现实情景，供应商分别对不同交付方式和时间窗进行差异化定价。其中，作为基础性交付方式，考虑现有 B2C“包邮”服务的普遍性，假设供应商对不指定时间窗的 RB 交付不收取额外费用，而对 AHD 交付收取额外费用；由于自选时间窗通常会耗费更多的配送资源，无论 AHD 交付或 RB 交付，供应商对自选时间窗的需求都将收取额外费用。考虑不同顾客选择相同服务选项组合，由于位置差异，通常会耗费不同配送资源，因此，供应商对交付方式和时间窗的联合定价与顾客位置相关。记顾客或配送点集合为 N_c，对于顾客 $i(i \in N_c)$，供应商对 AHD 交付的定价记为 e_i^{AHD}，对自选时间窗的定价记为 e_i^s。若顾客 i 选择指定时间窗 s 的 AHD 交付需要额外支付的费用为 $e_i^{AHD} + e_i^s$，顾客 i 选择指定时间窗 s 的 RB 交付需要额外支付的费用为 e_i^s。供应商根据既有车辆、人员等配送资源，以配送成本最小化和期望收益最大化为目标，设计车辆行驶路径，为不同顾客分配交付方式和时间窗并制定对应的服务选项价格。

根据问题描述，进行如下假设：

假设 1：顾客 i 的位置（x_i，y_j）、期望的时间窗［$early_i$，$late_i$］、相互之间的路径距离 d_{ij} 是已知的（i，$j \in N_c$）。

假设 2：不同末端交付方式和时间窗形成服务选项组合，包括顾客不指定时间窗的 RB 交付，记为（RB，$Slot_0$）；顾客指定时间

窗 s 的 RB 交付，记为（RB，s）；顾客指定时间窗 s 的 AHD 交付，记为（AHD，s）。

假设 3：考虑现有 B2C“包邮”服务的普遍性，不选择时间窗的 RB 交付作为基础服务提供，供应商不收取额外费用；对于所有 AHD 交付，根据顾客 i 的位置，将收取 e_i^{AHD} 的额外费用；对于指定时间窗的需求，根据顾客 i 的位置及所选时间窗 s，供应商将收取 e_i^s 的额外费用。

假设 4：不同服务选项组合为顾客带来的基础效用存在差异，顾客不指定时间窗的 RB 交付基础效用为 U_1，顾客指定时间窗的 RB 交付基础效用为 U_2，顾客指定时间窗的 AHD 交付基础效用为 U_3。根据用户体验的差异，设定 $U_1 \leqslant U_2 \leqslant U_3$。

假设 5：根据自提柜距离、配送时间偏好及服务选项价格，顾客 i 选择不同服务选项组合的概率由嵌套 Logit 选择模型确定。

本节所使用的符号参见 3.4.1 节。

7.3 模型建立

7.3.1 考虑配送服务选项联合定价的嵌套 *Logit* 模型

顾客对末端交付方式和时间窗的选择行为是相互影响的。若顾客对交付便捷性及配送时间精确性要求更高，通常会选择 *AHD* 交付，例如餐食外卖等；反之，若顾客对交付便捷性和配送时间精确性要求不高，通常会选择 *RB* 交付，例如日用品包裹等。在考虑配送服务选项差异化定价的情形下，不同交付方式和时间窗组成的服务选项为顾客带来的效用不是独立的。使用两层嵌套 *Logit* 选择模型描述顾客选择行为，其中上层为不同的交付方式，下层为不同的时间窗，如图 4－2 所示。不失一般性，假设时间窗按时间从早到晚排序，即 $Slot_{t-1}$早于 $Slot_t$。其中在自提柜交付下，$Slot_0$ 表示顾客不指定时间窗。

顾客 i 选择 AHD 交付或 RB 交付及对应的时间窗，获取随机效用 $U_i^{ds}=L_d+T_{ds}+\varepsilon_{ds}$。其中，$L_d$ 代表顾客选择不同送货上门交付或者自提柜交付带来的效用，$d\in\{AHD, RB\}$；T_{ds}代表顾客选择不同时间窗带来的效用，s 代表时间窗，$s\in SLOT$；ε_{ds}代表不可观测的随机效用，嵌套 Logit 模型假设其服从参数为 θ_d、累计分布为 $\exp(-\sum\limits_{d\in\{AHD,RB\}}(\sum\limits_{s\in SLOT}e^{-\varepsilon_{ds}/\theta_d})^{\theta_d})$ 的广义极值分布[95]。尺度因子 θ_d 表明选项相关性大小。θ_d 越大，表明不同时间窗差异越大，可替代性越小。

L_d 与 AHD 交付和 RB 交付对应的顾客服务体验相关。主要考虑自提柜距离及送货上门交付价格的影响。参考我国城市配送运作实际，自提柜交付作为默认交付方式，假设 L_{RB}与自提柜距离 r 呈负相关的线性关系，若顾客选择不指定时间窗的 RB 交付，即服务选项组合为（*RB*，$Slot_0$），考虑基础效用为 U_1，则顾客获得的实际效用为 $L_{RB}=U_1-\alpha_1 r$；若顾客选择指定时间窗的 RB 交付，即服务选项组合为（*RB*，*s*），考虑基础效用为 U_2，则顾客获得的实际效用为 $L_{RB}=U_2-\alpha_1 r$。送货上门交付可以视为自提柜距离为 0 的特殊情形，主要考虑 AHD 交付价格 e_i^{AHD} 的影响，考虑基础效用为 U_3，则顾客

获得的实际效用为 $L_{AHD}=U_3-\alpha_2 e_i^{AHD}$。

T_{ds}与配送货物的类别及顾客心理相关。主要考虑配送时间差 t_{ds} 以及时间窗价格 e_i^s 的影响，假设 T_{ds}与配送时间差 t_{ds}呈负相关的线性关系，价格弹性系数为β_2，则 $T_{ds}=-\beta_1 t_{ds}-\beta_2 e_i^s$。

综上，顾客 i 分别选择不指定时间窗的 RB 交付、指定时间窗的 RB 交付和指定时间窗的 AHD 交付时，获得的总效用 U_i^{ds} 如式（7.1）所示。

$$U_i^{ds}=\begin{cases} U_1-\alpha_1 r, & ds=(RB,\ Slot_0) \\ U_2-\alpha_1 r-\beta_1 t_{ds}-\beta_2 e_i^s, & ds=(RB,\ s) \\ U_3-\alpha_2 e_i^{AHD}-\beta_1 t_{ds}-\beta_2 e_i^s, & ds=(AHD,\ s) \end{cases} \tag{7.1}$$

根据效用最大化，顾客 i 选择不同交付方式的概率如式（7.2）所示[9]。

$$p_i^d=\frac{e^{L_d+\theta_d \ln(\sum_{s'\in SLOT} e^{T_{ds'}/\theta_d})}}{\sum_{d'\in\{AHD,RB\}} e^{L_{d'}+\theta_{d'}\ln(\sum_{s'\in SLOT} e^{T_{d's'}/\theta_{d'}})}} \tag{7.2}$$

顾客选择第 d 种交付方式下第 s 个时间窗的概率如式（7.3）所示。

$$p_i^{ds}=\frac{e^{T_{ds}/\theta_d}}{\sum_{s'\in SLOT} e^{T_{ds'}/\theta_d}}\times p_i^d \tag{7.3}$$

7.3.2 城市配送服务选项多目标联合定价模型

构建的多目标联合定价模型，属于混合整数规划，以配送成本最小化和期望收益最大化为目标，优化不同顾客的交付方式和时间窗分配及相应的定价策略。

1. 决策变量

构建的多目标联合定价模型决策变量包括车辆路径变量、交付方式变量和每个顾客 i 的 AHD 交付定价 e_i^{AHD} 及时间窗定价 e_i^s。其中，车辆路径变量用于描述车辆访问顾客的顺序，交付方式变量用于描述顾客 i 的交付方式。

2. 车辆路径变量

$$x_{ij}^k = \begin{cases} 1, & \text{车辆 } k \text{ 从顾客点 } i \text{ 行驶到顾客点 } j \\ 0, & \text{其他} \end{cases} \tag{7.4}$$

3. 交付方式变量

$$y_i^{ks} = \begin{cases} 1, & \text{车辆 } k \text{ 在时间窗 } s \text{ 服务顾客 } i \\ 0, & \text{其他} \end{cases} \tag{7.5}$$

$$z_{mi} = \begin{cases} 1, & \text{自提柜 } m \text{ 服务节点 } i \\ 0, & \text{其他} \end{cases} \tag{7.6}$$

4. 目标函数

构建的多目标联合定价模型目标函数分别如式（7.7）和式（7.8）所示。

$$\max F_1(y_i^{ks}, z_{mi}, e_i^{AHD}, e_i^s) = \sum_{k \in K} \sum_{s \in SLOT} \sum_{i \in N_c} y_i^{ks} q_i p_i^{(AHD,s)} (e_i^{AHD} + e_i^s)(1 - \bigcup_{m \in N_d} z_{mi}) + \sum_{k \in K} \sum_{s \in SLOT} \sum_{m \in N_d} y_m^{ks} \sum_{i \in N_c, s' \geqslant s} q_i p_i^{(RB,s')} e_i^{s'} z_{mi} \tag{7.7}$$

$$\min F_2(x_{ij}^k, z_{mi}) = c \sum_{k \in K} \sum_{(i,j) \in A} d_{ij} x_{ij}^k + F_v \sum_{k \in K} \sum_{j \in N_c \cup N_d} x_{0j}^k + F_d \sum_{m \in N_d} \bigcup_{j \in N_c} z_{mj} \tag{7.8}$$

式（7.7）表示期望收益最大化，第一部分表示送货上门交付期望收益，其中 $1 - \bigcup_{m \in N_d} z_{mi}$ 用于排除自提柜交付；第二个部分表示自提柜交付期望收益，其中 $s' \geqslant s$ 表示选择自提柜交付的配送可以在偏好时间窗之前提前送达，即可满足时间窗约束；式（7.8）表示配送成本最小化，包括车辆行驶成本、车辆启用成本和自提柜使用成本。

5. 约束条件

构建的多目标联合定价模型约束条件可以分为服务需求类约束和车辆路径类约束。其中服务需求类约束如式（7.9）和式（7.10）所示。

$$\sum_{k \in K} \sum_{s \in SLOT} y_i^{ks} + \sum_{m \in N_d} z_{mi} = 1, \forall i \in N_c \tag{7.9}$$

$$\sum_{k \in K} \sum_{s \in SLOT} y_j^{ks} = 1 - \bigcup_{m \in N_d} z_{mj}, \forall j \in N_c \tag{7.10}$$

约束（7.9）表示所有的配送点仅能选择送货上门或自提柜交付，不能重复选择。约束（7.10）表示所有选择送货上门的节点需要车辆直接服务，所有选择自提柜交付的节点无须车辆直接服务。

车辆路径类约束如式（7.11）~式（7.22）所示。

$$\sum_{t \neq j,h} x_{tj}^k - \sum_{h \neq t,j} x_{jh}^k = 0, \forall t, j, h \in N, k \in K \tag{7.11}$$

$$\sum_{j \in N_c \cup N_d} x_{0j}^k = \sum_{j \in N_c \cup N_d} x_{j0}^k = 1, \forall k \in K \tag{7.12}$$

$$\sum_{j \in N_c \cup N_d} x_{jt}^k = 1 - \bigcup_{m \in N_d} z_{mt}, \sum_{j \in N_c \cup N_d} x_{tj}^k = 1 - \bigcup_{m \in N_d} z_{mt}, \forall k \in K, t \in N_c \tag{7.13}$$

$$\sum_{j \in N_c \cup N_d} x_{jt}^k \geqslant \bigcup_{i \in N_c} z_{ti}, \sum_{j \in N_c \cup N_d} x_{tj}^k \geqslant \bigcup_{i \in N_c} z_{ti}, \forall k \in K, t \in N_d \tag{7.14}$$

$$\begin{aligned} &\sum_{k \in K} \sum_{s \in S} \sum_{i \in N_c} y_i^{ks} q_i p_i^{AHD,s} \left(1 - \bigcup_{m \in N_d} z_{mi}\right) \\ &+ \sum_{k \in K} \sum_{s \in S} \sum_{m \in N_d} y_m^{ks} \sum_{i \in N_c, s' \geqslant s} q_i p_i^{RB,s'} z_{mi} \leqslant C, \forall k \in K \end{aligned} \tag{7.15}$$

$$\sum_{h,j \in N} x_{hj}^k \leqslant |V_k| - 1, \forall k \in K \tag{7.16}$$

$$x_{hj}^{k}(t_{ah}+t_{sh}+y_{h}^{ks}t_{hj}-t_{aj})\leqslant 0,\ \forall k\in K,\ \forall s\in SLOT,\ \forall (h,\ j)\in A \tag{7.17}$$

$$early_{j}\leqslant t_{aj}\leqslant last_{j},\ \forall j\in N_{c} \tag{7.18}$$

$$last_{m}\leqslant [last_{i}z_{mi}]^{-},\ \forall m\in N_{d},\ \forall i\in N_{c} \tag{7.19}$$

$$x_{hj}^{k}\in\{0,\ 1\},\ \forall h,\ j\in N,\ k\in K \tag{7.20}$$

$$y_{j}^{ks}\in\{0,\ 1\},\ \forall j\in N,\ k\in K,\ s\in SLOT \tag{7.21}$$

$$z_{mi}\in\{0,\ 1\},\ \forall m\in N_{d},\ i\in N_{c},\ k\in K \tag{7.22}$$

约束（7.11）表示网络节点流量平衡。约束（7.12）表示所有车辆必须从配送中心出发并回到配送中心。约束（7.13）表示送货上门交付的节点必须有车辆访问。约束（7.14）表示使用的自提柜必须有车辆访问，其中∪表示逻辑并运算。约束（7.15）表示车辆载重约束。约束（7.16）避免车辆出现子回路，V_k 表示车辆 k 访问的任一节点集合。约束（7.17）表示车辆到达时间约束（仅约束送货上门交付节点），其中 t_{ah}、t_{aj}分别代表到达配送点 h 和 j 的时刻，t_{sh}表示配送点 h 的服务时间，t_{hj}表示从配送点 h 到配送点 j 的时间。约束（7.18）是送货上门交付节点的时间窗约束。约束（7.19）表示自提柜的最晚服务时间必须早于所有其服务顾客的最晚服务时间（仅约束自提柜交付节点）。约束（7.20）~约束（7.22）表示决策变量的取值范围。

7.4　仿真分析

构建的城市配送服务选项多目标联合定价模型主要采用多目标

遗传算法和粒子群算法进行求解。仿真分析采用 Matlab R2019a 版本，使用 Matlab 脚本语言进行仿真实现；仿真环境为 Intel Core i7 - 6700k CPU、16G 内存和 Window 10 专业版。结合相关研究成果[96]、嵌套 Logit 模型中尺度参数的取值范围[95]及车辆实际情况，仿真过程中涉及的参数如表 7 - 1 所示。

表 7 - 1　　仿真分析相关参数

参数	值
距离影响因子	0.005
时间误差影响因子	0.001
AHD 交付价格弹性	0.008
时间窗价格弹性	0.003
不指定时间窗的 RB 交付基础效用 U_1	0.10
指定时间窗的 RB 交付基础效用 U_2	0.20
指定时间窗的 AHD 交付基础效用 U_3	0.30
送货上门尺度因子	0.91
自提柜交付尺度因子	0.004
自提柜启用成本	300
车辆载重能力	600
车辆固定成本	400

7.4.1 仿真算例设计

仿真算例基于 Solomon 标准库 RC201 和 RC206 算例设计。RC201 和 RC206 算例分别有 100 个配送点和 50 个配送点，详情见 5.5.1 节。

7.4.2　仿真算法设计

在仿真分析中，分别使用多目标粒子群算法（multiple objective particle swarm optimization，MOPSO）和 Matlab 自带的遗传算法工具箱求解构建的配送服务选项多目标联合定价模型。Matlab 遗传算法工具箱中，多目标问题求解可以使用 gamultiobj 函数[97]。该函数能够便捷地获取帕累托前沿，并进行可视化。

MOPSO 算法是 Sierra 和 Colle 等在求解单目标优化的基本粒子群算法基础上，通过设计合理的 Pareto 集多样性维持策略和粒子群全局最优值更新操作而提出的[77,78]。MOPSO 算法基于动态网格技术在粒子数最少的网格内随机选择全局极值，在进化过程中自适应调整网格进行粒子的动态划分[77]。MOPSO 算法采用的编码方法可以参见文献[98]。MOPSO 算法流程如图 7 – 1 所示。

7.4.3　计算结果

采用多目标粒子群算法和 Matlab 自带的 gamultiobj 遗传算法在 RC201 和 RC206 算例中获取的帕累托前沿分别如图 7 – 2 和图 7 – 3 所示。其中，横轴和纵轴分别标识配送服务成本和期望收益，加号点集和星号点集分别标示多目标粒子群算法和 gamultiobj 遗传算法获取的帕累托解集合。

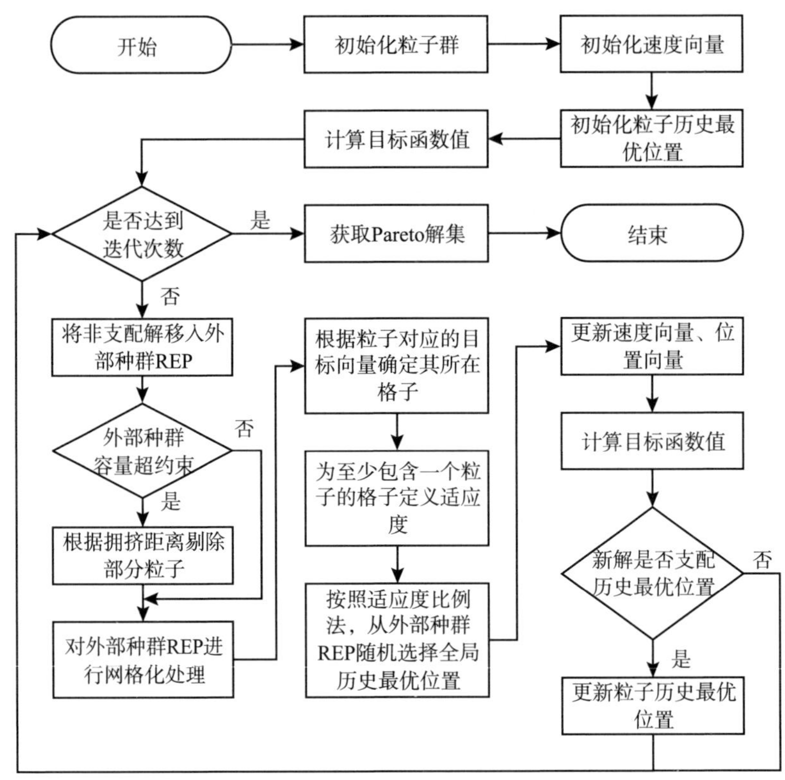

图 7－1　MOPSO 算法流程

从图 7－2 和图 7－3 可知，无论 RC201 算例还是 RC206 算例，没有找到在配送成本最小化和期望收益最大化两个目标上均占优的帕累托解；从算法性能来看，遗传算法获取的帕累托前沿均在粒子群算法上方，在两个算例中，遗传算法获取的帕累托解集合均优于粒子群算法。后续尺度因子的敏感性分析采用 Matlab 提供的遗传算法完成。

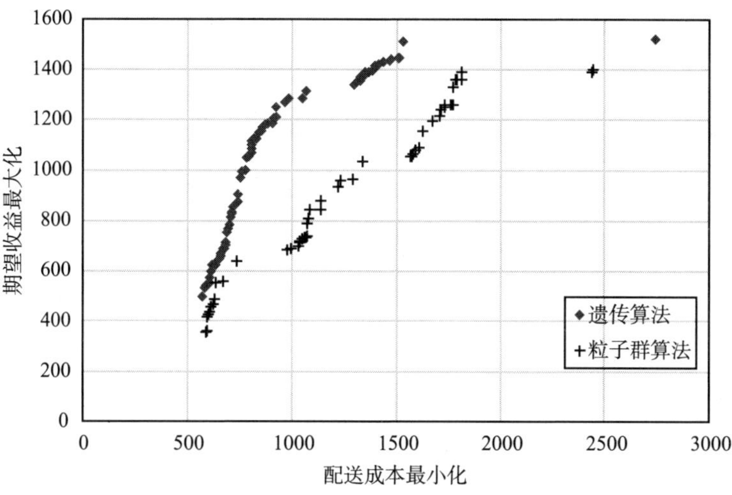

图 7－2　帕累托前沿（RC201 算例）

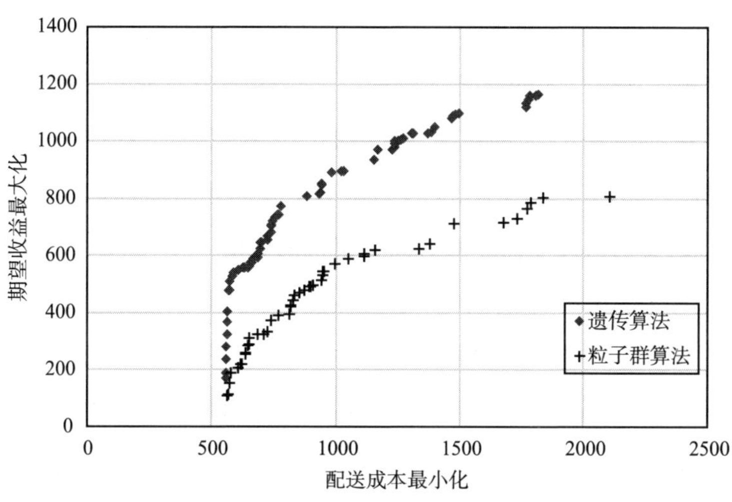

图 7－3　帕累托前沿（RC206 算例）

7.4.4 送货上门尺度因子对服务选项联合定价的影响

在考虑配送服务选项联合定价的嵌套 Logit 模型中，送货上门尺度因子 θ_{AHD} 表示顾客选择送货上门交付时不同时间窗的替代性。

1. 送货上门尺度因子对 AHD 交付定价的影响

图 7-4 和图 7-5 展示了配送成本最小化和期望收益最大化情形下，RC201 和 RC206 算例中 AHD 交付定价的最大值、最小值和平均值随送货上门尺度因子的变化情况。随着送货上门尺度因子逐渐增大，AHD 交付最优定价的最大值呈现震荡下降的趋势，而平均值和最小值的变化趋势不太明显。

随着送货上门尺度因子逐渐增大，顾客对于不同时间窗的选择替代性越来越小，顾客更加看重配送是否在偏好的时间窗内送达，定价因素对顾客选择行为的影响越来越小。调整 AHD 交付定价不能明显改变顾客的选择行为，难以实现成本最小化和期望收益最大化的帕累托改进。因此，送货上门尺度因子对 AHD 交付定价的影响不太明显。

2. 送货上门尺度因子对时间窗定价的影响

图 7-6 ~ 图 7-9 展示了配送成本最小化和期望收益最大化情形下，RC201 和 RC206 算例中不同时间窗定价平均值随送货上门尺度因子的变化情况。其中，X 轴表示送货上门尺度因子，Y 轴表示时间窗序号，Z 轴表示平均时间窗定价。仿真分析中配送中心在单个配送周期内运作时间共计 960 分钟；按照时间窗长度 120 分钟计算，时间窗数量为 8 个。

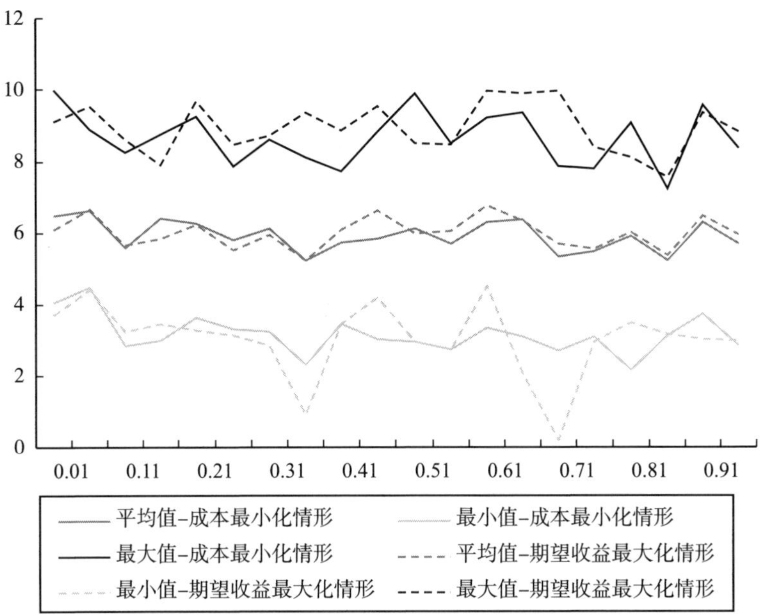

图7-4　送货上门尺度因子对AHD交付价格的影响（RC201算例）

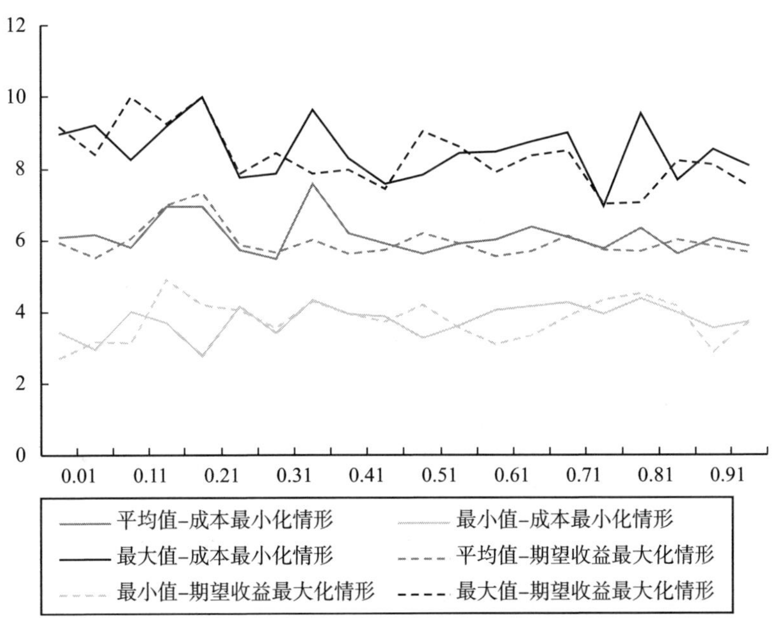

图7-5　送货上门尺度因子对AHD交付价格的影响（RC206算例）

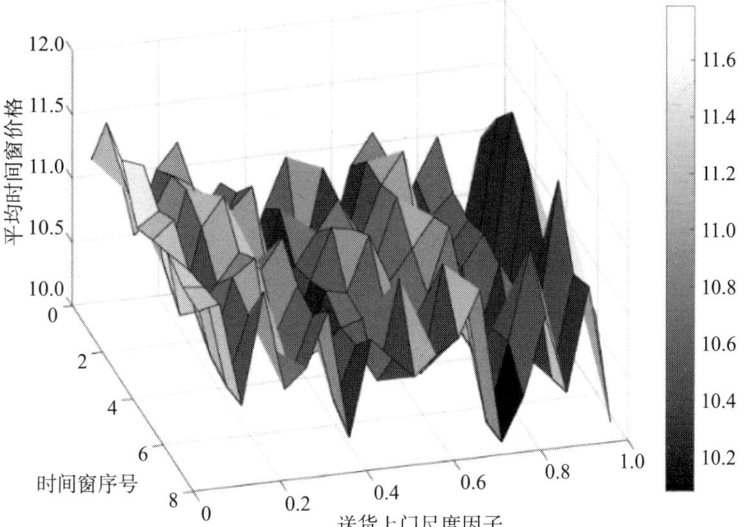

图 7－6　送货上门尺度因子对时间窗定价的影响

（RC201 算例－配送成本最小情形）

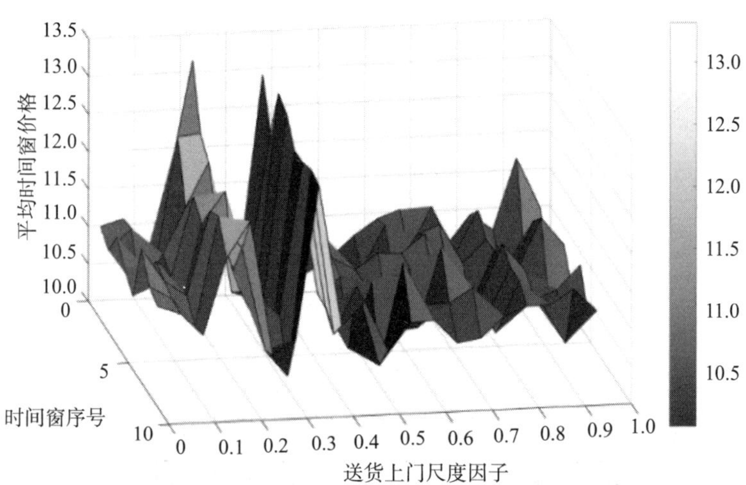

图 7－7　送货上门尺度因子对时间窗定价的影响

（RC206 算例－配送成本最小情形）

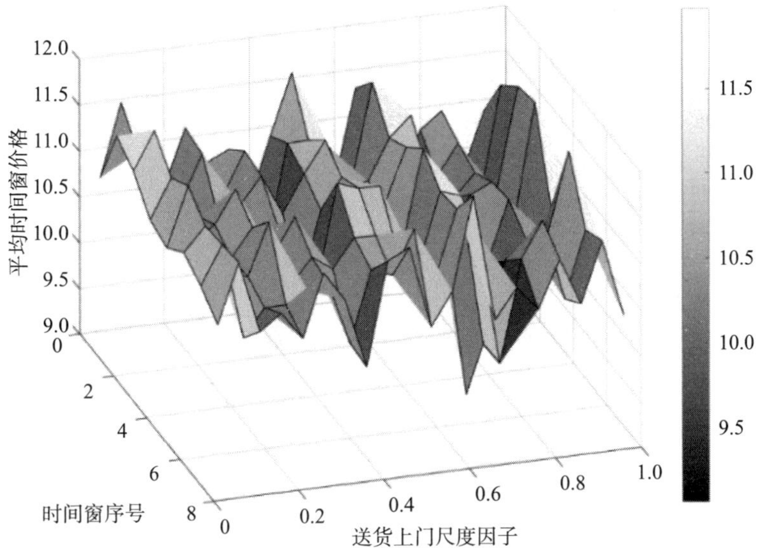

图7-8　送货上门尺度因子对时间窗定价的影响

（RC201算例-期望收益最大情形）

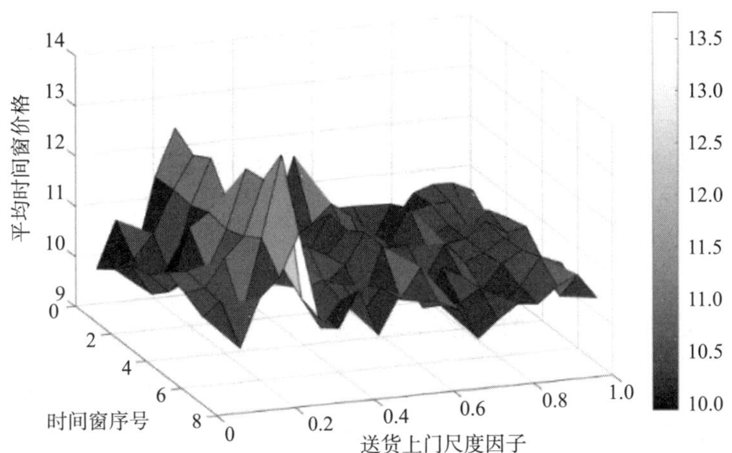

图7-9　送货上门尺度因子对时间窗定价的影响

（RC206算例-期望收益最大情形）

在 RC201 算例中，随着送货上门尺度因子逐渐增大，时间窗定价在偏好配送成本最小化时呈现震荡降低的趋势，在偏好期望收益最大化时变化趋势并不明显，如图 7－6 和图 7－8 所示；在 RC206 算例中，时间窗定价随着送货上门尺度因子的变化趋势不如 RC01 算例明确，但是总体而言，在区间 $\theta_{AHD} \in [0.1, 0.4]$ 内时间窗定价的平均值还是高于区间 $\theta_{AHD} \in [0.5, 1]$，如图 7－7 和图 7－9 所示。送货上门尺度因子对时间窗定价的影响不存在明显趋势。

随着送货上门尺度因子逐渐增大，顾客选择替代性越来越小，顾客在 AHD 交付下选择非偏好时间窗的概率越来越小，定价因素对顾客选择行为的影响也越来越小。因此，时间窗定价随着送货上门尺度因子增大的变化趋势不明确。

7.4.5 自提柜交付尺度因子对服务选项联合定价的影响

在考虑配送服务选项联合定价的嵌套 Logit 模型中，自提柜交付尺度因子 θ_{rd} 表示顾客在选择自提柜交付时不同时间窗的替代性。

1. 自提柜交付尺度因子对 AHD 交付定价的影响

图 7－10 和图 7－11 展示了配送成本最小化和期望收益最大化情形下，RC201 和 RC206 算例中自提柜交付价格的最大值、最小值和平均值随尺度因子的变化情况。无论是最大值、最小值还是平均值，随着自提柜交付尺度因子的变化，RC201 和 RC206 算例中 AHD 交付定价的变化趋势均不太明显。

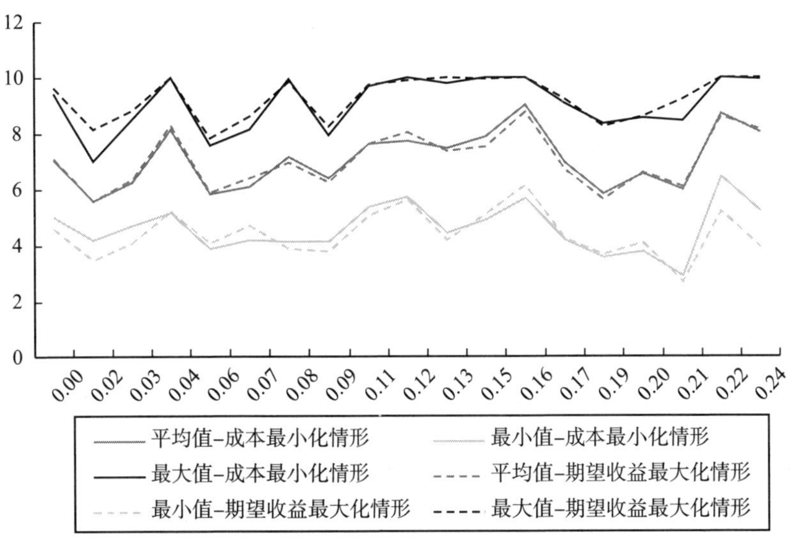

图7-10 自提柜交付尺度因子对AHD交付价格的影响（RC201算例）

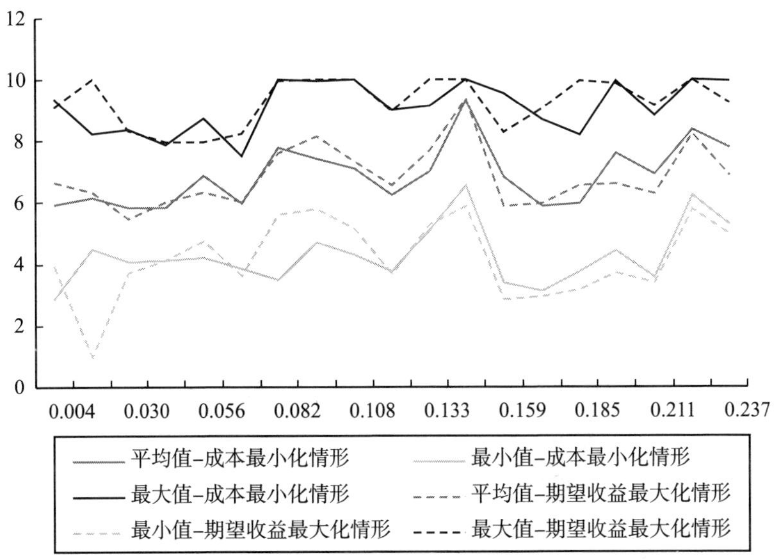

图7-11 自提柜交付尺度因子对AHD交付价格的影响（RC206算例）

不同于送货上门尺度因子，自提柜交付尺度因子对AHD交付定价的影响较小。随着自提柜交付尺度因子逐渐增大，顾客选择替代性越来越小。由于自提柜交付下送达时间仅需在顾客偏好的最晚服务时间之前送达，因此，在实际运作中自提柜交付下时间窗的约束是半开放式的。需要满足的时间窗约束弱于 AHD 交付，自提柜交付尺度因子增大的影响也就随之被弱化了。因此，AHD 交付定价的变化趋势并不明显。

2. 自提柜交付尺度因子对时间窗定价的影响

图 7 - 12 ~ 图 7 - 15 展示了配送成本最小化和期望收益最大化情形下，RC201 和 RC206 算例中不同时间窗定价平均值随自提柜交付尺度因子的变化情况。其中 X 轴表示自提柜交付尺度因子，Y 轴表示时间窗序号，Z 轴表示平均时间窗定价。在 RC201 和 RC206 算例中，随着自提柜交付尺度因子逐渐增大，无论是配送成本最小化情形，还是期望收益最大化情形，时间窗定价均呈现震荡上升趋势。

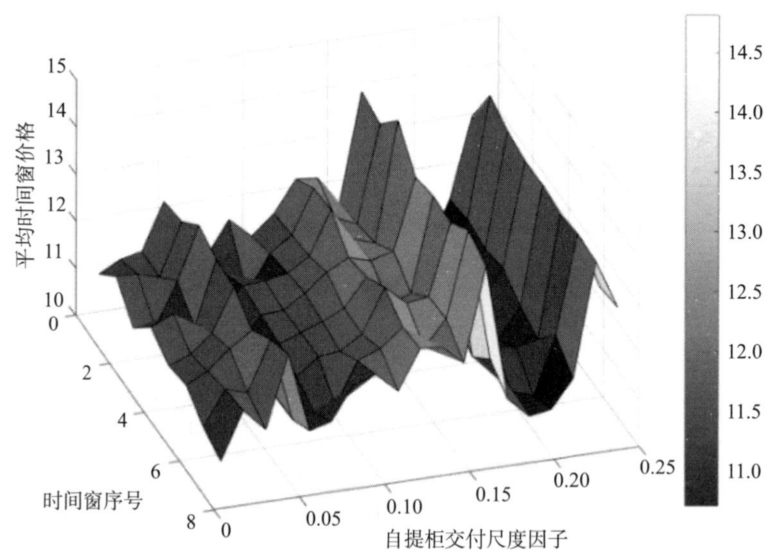

图 7 - 12　自提柜交付尺度因子对时间窗定价的影响

（RC201 算例 - 配送成本最小情形）

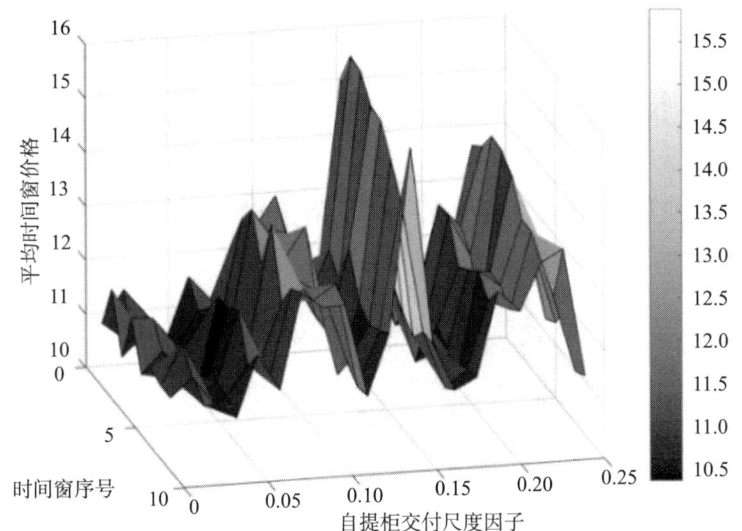

图7-13　自提柜交付尺度因子对时间窗定价的影响

（RC201算例-期望收益最大情形）

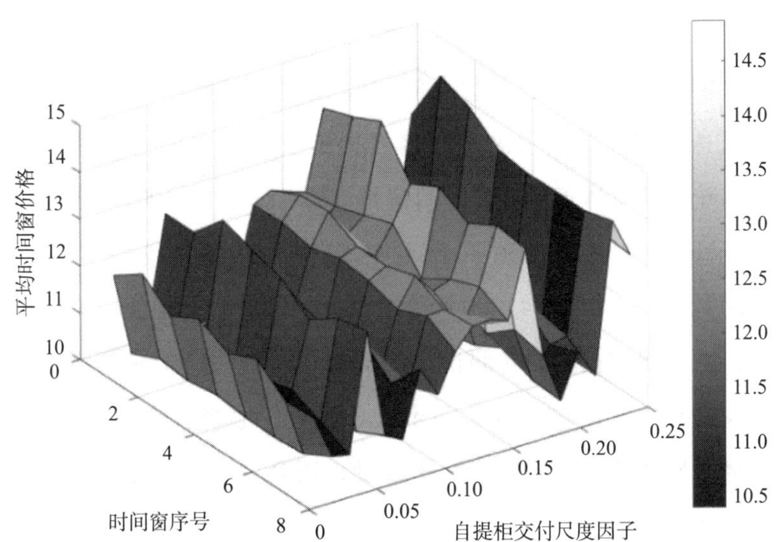

图7-14　自提柜交付尺度因子对时间窗定价的影响

（RC206算例-配送成本最小情形）

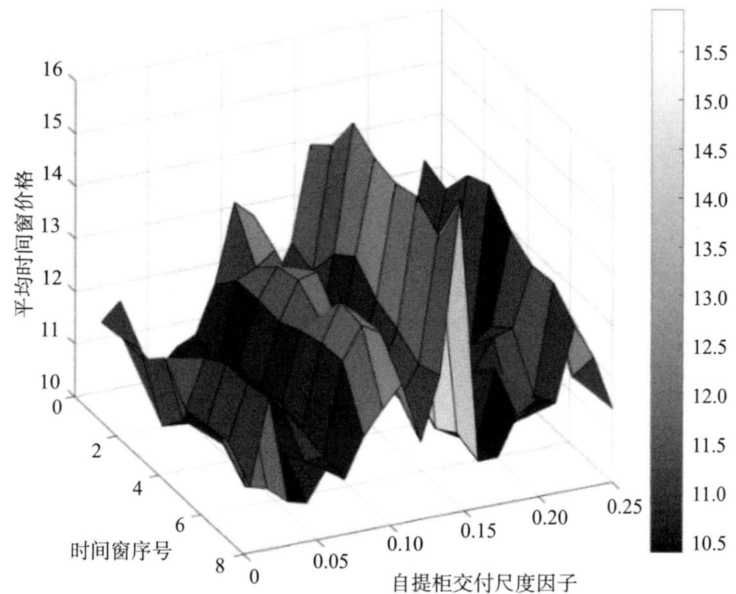

图 7-15　自提柜交付尺度因子对时间窗定价的影响

（RC206 算例-期望收益最大情形）

由于自提柜交付下送达时间仅需在顾客偏好的最晚服务时间之前送达，实际运作中满足顾客自提柜交付下时间窗需求的时间窗有多个，例如顾客偏好的时间窗是［12：00，14：00］，但是配送在早于 14：00 之前的时间窗到达均符合约束，包括［10：00，12：00］、［12：00，14：00］等。因此，随着自提柜交付尺度因子增大，虽然顾客在不同时间窗之间的替代性减少，但是顾客在偏好时间窗进行配送的概率变化并不大。此时，适当提高时间窗定价，并不会明显降低顾客的期望配送数量，还会提高帕累托解集的期望收益。

7.5 小　　结

顾客可选末端交付方式和时间窗，是城市配送服务供应商从通用型配送服务向定制化差异服务转型的重要措施，符合当前“线下+线上”新零售融合发展的趋势。考虑送货上门和自提柜两种交付方式及时间窗等服务选项，本章将定制化配送细分为：不指定时间窗的自提柜交付、指定时间窗的自提柜交付和指定时间窗的送货上门交付，构建了考虑服务选项联合定价的嵌套 Logit 选择模型，描述服务选项定价对顾客选择行为的影响；然后，考虑配送成本最小化和期望收益最大化，建立了基于混合整数规划的城市配送服务选项多目标联合定价模型，在优化车辆配送路径的同时，讨论顾客末端交付方式和时间窗分配策略及对应的联合定价决策。使用遗传算法和粒子群算法对 Solomon 标准库中 RC201 和 RC206 算例进行数值求解。仿真数据表明：RC201 和 RC206 算例均能获取帕累托前沿，在求解性能上遗传算法优于粒子群算法；随着送货上门尺度因子增加，不同时间窗的选择替代性越来越小，定价因素对顾客选择行为的影响越来越小，送货上门交付定价与时间窗定价的变化趋势不明显；由于自提柜交付下送达时间仅需在顾客偏好的最晚服务时间之前送达，需要满足的时间窗约束弱于 AHD 交付，自提柜交付尺度因子的变化影响也就随之被弱化了，对送货上门交付定价的影响也不明显；随着自提柜交付尺度因子增大，虽然顾客在不同时间窗之间的替代性减少，但是顾客在偏好时间窗进行配送的概率变化并不大，适当提高时间窗定价，并不会明显降低顾客的期望配送数量，故时间窗定价随着该因子的增长呈现震荡上升趋势。

第 8 章

结　　论

末端交付方式和时间窗是城市配送进行服务产品创新的重要维度。城市配送可以应用末端交付方式和时间窗的不同服务选项组合，为顾客设计多样化的配送服务产品，实现改善城市配送服务产品供给的目标；城市配送可以根据有限的服务能力供给，基于不同配送服务产品供求关系，制定差别的服务产品定价，达到提高城市配送盈利水平的目的。面向我国以收件箱和自提点为主、送货上门为辅的混合末端交付现状，本书重点讨论基于末端交付方式和时间窗的城市配送收益管理实现机制。首先，建立了考虑需求集散度的城市配送收益管理模型。其次，讨论了顾客可选末端交付方式和时间窗下城市配送静态和动态容量控制。最后，基于城市配送嵌套Logit 选择模型，研究了城市配送服务选项的定价问题。上述研究解决了城市配送消费者选择模型、容量控制与路径集成优化、服务选项定价等关键问题，形成了较为系统的城市配送收益管理技术方法和解决方案。本书的研究主要得到了以下结论：

（1）对于静态城市配送容量控制，构建的自提柜选址—时间窗分配—路径规划多目标联合优化模型仿真分析发现：帕累托解集中无法分离出配送数量最大化和配送成本最小化均占优的解；随着顾客对自提柜距离敏感度的增加，两种目标偏好都应减少自提柜数量，尽量采用送货上门服务；随着顾客对配送时间误差敏感度的增加，两种目标偏好均无法避免配送数量下降，车辆和自提柜数量变化趋势并不显著。

（2）在自提柜选址—时间窗分配—路径规划多目标联合优化问题模型中，引入嵌套 Logit 选择模型量化顾客对末端交付方式和时间窗的相关性选择行为，通过多目标粒子群优化算法进行仿真分析发现：随着送货上门服务尺度因子逐渐增大，顾客需求在不同时间窗之间的替代性变小，无论是追求配送成本最小化、还是追求配送数量最大化，获取的最优方案均倾向于提高配送准时性，配送数量逐渐上升；相反，随着自提柜服务尺度因子逐渐增大，不同于送货上门服务，获取的最优方案倾向于降低配送准时性，配送数量逐渐下降。

（3）对于动态城市配送容量控制，在顾客可以自选末端交付方式和时间窗的情境下，构建了城市配送动态订单接受决策框架，分为配送路径预规划、配送需求评估、订单接受策略调整和路径全局优化四个阶段。仿真表明：服务选项动态分配算法能够获取更高的利润，在单批次配送任务较多的情形下还具有更好的时间性能；随着时间窗宽度逐渐增加，自提柜交付收益和行驶里程逐渐减少，而送货上门交付收益和利润逐渐增加；时间窗偏差阈值对配送服务利润影响明显，但不存在趋势性关系；送货上门交付收益较高的时间窗偏差阈值，往往会获取更高的利润。

（4）延续动态城市配送容量控制研究，设计了基于辐射半径的订单接受策略，包括可接受时间窗分配初始化、可接受时间窗动态调整、参照点动态选择及基于时间窗偏差阈值的配送需求评估等；构建了基于规则的硬时间窗动态车辆路径问题求解算法。通过与先到先服务策略的对比表明，设计的策略能够实现配送收益和行驶距离的有效平衡；从 RC201 和 RC206 算例看，全局优化全部接受并不明显优于全局优化条件接受和模拟退火接受。随着参照点数量增多，收益和行驶距离都在逐渐增长，收益/距离之比呈现下降趋势，参照点数量需要根据实际情况优化配置。随着时间窗宽度逐渐增加，相同车辆数量能够接受更多的送货上门订单，从而提高整个配送批次的服务收益。

（5）考虑送货上门和自提柜两种交付方式，构建了考虑服务选项联合定价的嵌套 Logit 选择模型，描述了服务选项定价对顾客选择行为的影响；考虑配送成本最小化和期望收益最大化，基于混合整数规划建立了城市配送服务选项多目标联合定价模型，着重分析了交付方式尺度因子对末端交付方式和时间窗联合定价的影响。仿真分析发现，RC201 和 RC206 算例均存在明确的帕累托前沿；随着送货上门尺度因子的增加，顾客在选择不同服务选项时替代性降低，定价调整对优化目标影响较小，送货上门交付定价和时间窗定价的变化趋势不明显；由于自提柜交付时间窗约束弱于送货上门交付，随着自提柜交付尺度因子增大，提高时间窗定价有利于实现优化多目标帕累托改进。

参考文献

［1］关于加强和改进城市配送管理工作的意见．国办发［2011］38号．2011.

［2］全国城市配送发展指引．商流通司函［2013］号．2013－01－17.

［3］贺登才．我国物流业政策环境回顾与展望［J］．中国流通经济，2014（4）：27－33.

［4］国务院关于促进快递业发展的若干意见国发［2015］61号．2015.

［5］国家邮政局．2020年我国快递业务量突破800亿件．新华网，2020.

［6］王选庆．加快商贸物流发展　促进流通业转型升级［J］．中国流通经济，2012（12）：45－47.

［7］张锦，陈义友．物流“最后一公里”问题研究综述［J］．中国流通经济，2015（4）：23－32.

［8］倪冠群，徐寅峰，徐玖平．航空收益管理价格和座位在线联合控制策略［J］．管理科学学报，2014，17（7）：10－21.

［9］陈武华，孙燕红，华中生．基于顾客选择的酒店多房间类

型联合定价研究［J］. 管理科学学报，2013，16（7）：23－33.

［10］Püschel T，Schryen G，Hristova D. et al. Revenue Management for Cloud Computing Providers：Decision Models for Service Admission Control Under Non-probabilistic Uncertainty［J］. European Journal of Operational Research，2015，244（2）：637－647.

［11］慕银平，黄丽. 考虑顾客行为的网络订餐二维预订控制策略研究［J］. 系统工程学报，2013，28（1）：66－74.

［12］Mcgill J I，Van Ryzin G J. Revenue management：Research Overview and Prospects［J］. Transportation Science，1999，33（2）：233－256.

［13］Shen Z J M，Su X M. Customer Behavior Modeling in Revenue Management and Auctions：A Review and New Research Opportunities［J］. Production and Operations Management，2007，16（6）：713－728.

［14］杨慧，宋华明，周晶. 收益管理环境下乘客有限理性购票行为研究［J］. 管理科学学报，2014，17（6）：20－27.

［15］邱晗光，徐志花，陈久梅. 大数据支撑下基于公共配送中心的城市配送流程改进研究［J］. 物流技术，2014，33（13）：408－410.

［16］许茂增，余国印. 城市配送研究的新进展［J］. 中国流通经济，2014（11）：29－36.

［17］Hübner Alexander H，Kuhn H，Wollenburg J. Last Mile Fulfilment and Distribution in Omni-channel Grocery Retailing：A Strategic Planning Framework［J］. International Journal of Retail & Distribution

Management, 2016, 44 (3).

[18] Kämäräinen V, Saranen J, Holmström J. The Reception Box impact on Home Delivery Efficiency in the E - grocery Business [J]. International Journal of Physical Distribution & Logistics Management, 2001, 31 (6): 414 - 426.

[19] Punakivi M, Yrjölä H, Holmström J. Solving the Last Mile Issue: Reception Box or Delivery Box? [J]. International Journal of Physical Distribution & Logistics Management, 2001, 31 (6): 427 - 439.

[20] Wang X P, Zhan L M, Ruan J H. et al. How to Choose "last mile" Delivery Modes for E - fulfillment [EB/OL]. http: //dx. doi. org/10. 1155/2014/417129, 2014.

[21] 张戎, 王镇豪. 城市配送末端节点布局双层规划模型及算法 [J]. 同济大学学报 (自然科学版), 2012, 40 (7): 1035 - 1040.

[22] 周翔, 许茂增, 吕奇光. B2C模式下配送中心与末端节点的两阶段布局优化模型 [J]. 计算机集成制造系统 - CIMS, 2014, 34 (12): 3140 - 3149.

[23] 杨聚平, 杨长春, 姚宣霞. 电商物流中"最后一公里"问题研究 [J]. 商业经济与管理, 2014 (4): 16 - 22, 32.

[24] Thompson R G, Hassall K P. A Collaborative Urban Distribution Network [J]. Procedia - Social and Behavioral Sciences, 2012, 39 (12): 230 - 240.

[25] 樊雪梅, 谢媛, 卓健等. B2C模式下城市配送方式及其效率评价 [J]. 铁道运输与经济, 2013 (7): 65 - 70.

[26] Campbell D. Revenue Management: A Path to Increased Profits [J]. Accounting Review, 2012, 87 (6): 2181 -2182.

[27] 邱晗光，陈久梅. 基于需求集散度分析的城市配送收益管理 [J]. 中国流通经济, 2015 (5): 34 -39.

[28] Liao S H, Chen Y J, Lin Y T. Mining Customer Knowledge to Implement Online Shopping and Home Delivery for Hypermarkets [J]. Expert Systems with Applications, 2011, 38 (4): 3982 -3991.

[29] Campbell A M, Savelsbergh M. Incentive Schemes for Attended Home Delivery Services [J]. Transportation Science, 2006, 40 (3): 327 -341.

[30] Geunes J, Shen Z J M, Emir A. Planning and Approximation Models for Delivery Route Based Services with Price-sensitive Demands [J]. European Journal of Operational Research, 2007, 183 (1): 460 -471.

[31] Asdemir K. Dynamic Pricing of Multiple Home Delivery Options [J]. European Journal of Operational Research, 2009, 196 (1): 246 -257.

[32] [70] [88] Yang X, Straussy A K, Curriez C. et al. Choice - Based Demand Management and Vehicle Routing in E - fullment [J]. Transportation Science (in advance), 2014, 50 (2): 473 -488.

[33] 陈淮莉，卫亚运，李景瑜. 交付期约束下的网络零售配送多时隙选项定价 [J]. 系统工程学报, 2016, 31 (4): 515 -525.

[34] Klein R, Neugebauer M, Ratkovitch D. et al. Differentiated

Time Slot Pricing Under Routing Considerations in Attended Home Delivery [J]. Transportation Science, 2019, 53 (1): 236 - 255.

[35] Agatz N, Campbell A, Fleischmann M. et al. Time Slot Management in Attended Home Delivery [J]. Transportation Science, 2011, 45 (3): 435 - 449.

[36] Ehmke J F, Campbell A M. Customer Acceptance Mechanisms for Home Deliveries in Metropolitan Areas [J]. European Journal of Operational Research, 2014, 233 (1): 193 - 207.

[37] Agatz N, Campbell A M, Fleischmann M. et al. Challenges and Opportunities in Attended Home Delivery [J]. Vehicle Routing Problem: Latest Advances and New Challenges, 2008, 43: 379 - 396.

[38] Hill A V, Hays J M, Naveh E. A Model for Optimal Delivery Time Guarantees [J]. Journal of Service Research, 2000, 2 (3): 254 - 264.

[39] Punakivi M, Saranen J. Identifying the Success Factors in E - grocery Home Delivery [J]. International Journal of Retail & Distribution Management, 2001, 29 (4): 156 - 163.

[40] Lin I, Mahmassani H. Can Online Grocers Deliver: Some Logistics Considerations [J]. Transportation Research Record: Journal of the Transportation Research Board, 2002, 1817 (1): 17 - 24.

[41] Campbell A M, Savelsbergh M W P. Decision support for consumer direct grocery initiatives [J]. Transportation Science, 2005, 39 (3): 313 - 327.

[42] Agatz N, Campbell A, Fleischmann M. et al. Time Slot

Schedule Design for E – fulfillment [R]. Netherlands: RSM Erasmus University, 2007.

[43] Hernandez F, Gendreau M, Potvin J Y. Heuristics for Tactical time Slot Management: A Periodic Vehicle Routing Problem View [J]. International Transactions in Operational Research, 2017, 24 (6): 1233 –1252.

[44] Bruck B P, Cordeau J – F, Iori M. A practical Time Slot Management and Routing Problem for Attended Home Services [J]. Omega, 2018, 81: 208 –219.

[45] Bent R W, Hentenryck P V. Scenario-based Planning for Partially Dynamic Vehicle Routing with Stochastic Customers [J]. Operations Research, 2004, 52 (6): 977 –987.

[46] Cleophas C, Ehmke J F. When are Deliveries Profitable? Considering Order Value and Transport Capacity in Demand Fulfillment for Last – Mile Deliveries in Metropolitan Areas [J]. Business & Information Systems Engineering, 2014, 6 (3): 153 –163.

[47] 陈淮莉，汪健．能力预留的网络零售配送时隙分配与定价研究 [J]. 中国科技论文，2016，11 (7): 765 –771.

[48] 郭耀煌，谢秉磊．一类随机动态车辆路径问题的策略分析 [J]. 管理工程学报，2003，17 (4): 114 –115.

[49] 张婷，赖平仲，何琴飞等．基于实时信息的城市配送车辆动态路径优化 [J]. 系统工程，2015 (7): 58 –64.

[50] 刘士新，冯海兰．动态车辆路径问题的优化方法 [J]. 东北大学学报（自然科学版），2008 (4): 484 –487.

[51] 谢秉磊，郭耀煌，郭强．动态车辆路径问题：现状与展望［J］．系统工程理论方法应用，2002（2）：116－120.

[52] 张旭梅，陈久梅，肖剑．随机动态多车辆装卸混合问题及求解策略研究［J］．系统工程学报，2012，25（1）：61－68.

[53] 吴兆福，董文永．求解动态车辆路径问题的演化蚁群算法［J］．武汉大学学报（理学版），2007，53（5）：571－575.

[54] 熊浩，符卓，鄢慧丽．动态车辆路径问题的隐分区灵活分批策略［J］．同济大学学报（自然科学版），2013，41（5）：676－679，686.

[55] Pillac V，Gendreau M，Guéret C. et al. A Review of Dynamic Vehicle Routing Problems [J]. European Journal of Operational Research，2013，225（1）：1－11.

[56] 刘霞，齐欢．带时间窗的动态车辆路径问题的局部搜索算法［J］．交通运输工程学报，2008，8（5）：114－120.

[57] 王训斌，陆慧娟，陈五涛．带时间窗动态车辆路径问题的改进蚁群算法［J］．工业控制计算机，2009，22（1）：41－43.

[58] 刘霞，齐欢．基于禁忌搜索的动态车辆路径问题研究［J］．武汉理工大学学报（交通科学与工程版），2010，34（2）：293－296.

[59] 王仁民，闭应洲，刘阿宁等．改进变邻域搜索算法求解动态车辆路径问题［J］．计算机工程与应用，2014，50（2）：237－241.

[60] 熊浩．动态车辆路径问题的分区灵活分批 TSP 策略［J］．控制与决策，2013，28（10）：1454－1458.

［61］ Bianchi L. Notes on Dynamic Vehicle Routing—the State of the Art ［R］. Switzerland：University of Applied Sciences and Arts of Italian Switzerland，2000.

［62］ Psaraftis H N，Wen M，Kontovas C A. Dynamic Vehicle Routing Problems：Three Decades and Counting ［J］. Networks，2016，67（1）：3－31.

［63］ 李珍萍，赵菲，刘洪伟．多时间窗车辆路径问题的智能水滴算法［J］．运筹与管理，2015（6）：1－10.

［64］ 华光，姜彩良，董娜．我国城市配送发展的瓶颈和应对策略［J］．中国物流与采购，2014（6）：74－75.

［65］ 张志坚．物流公共信息平台研究综述［J］．科技管理研究，2011（8）：180－182.

［66］ 李冰漪．多头治理 协调统一 化解城市配送顽疾——专访中国物流与采购联合会副会长贺登才［J］．中国储运，2014（4）：56－57.

［67］ 步雯．合力攻关破难题 城市配送需助力——访中国物流与采购联合会副会长贺登才［J］．运输经理世界，2014（Z1）：38－41.

［68］ 卢冰原，何力，程八一．模糊环境下的配送车辆调度决策支持系统平台研究［J］．科技管理研究，2011（23）：210－214.

［69］ 杨慧，宋华明，周晶．一种座位组合优化的计算方法及仿真分析［J］．管理工程学报，2013（3）：150－155.

［71］ 陈义友，张锦，陈以衡等．基于顾客有限理性的自提点选址研究［J］．工业工程与管理，2015，20（6）：92－100.

［72］陈义友，韩珣，曾倩．考虑送货上门影响的自提点多目标选址问题［J］．计算机集成制造系统，2016，22（11）：2679－2690.

［73］Nagy G，Salhi S. Location-routing：Issues，Models and Methods［J］. European Journal of Operational Research，2007，177（2）：649－672.

［74］周林，林云，王旭等．网购城市配送多容量终端选址与多车型路径集成优化［J］．计算机集成制造系统，2016，22（4）：1139－1147.

［75］谭立静，王红，牛奔．基于ACLBFO算法的车辆路径规划［J］．系统工程，2015（4）：120－125.

［76］杨进，马良．蜂群优化算法在带软时间窗的车辆路径问题中的应用［J］．预测，2010（6）：67－70＋61.

［77］李中凯，谭建荣，冯毅雄等．基于拥挤距离排序的多目标粒子群优化算法及其应用［J］．计算机集成制造系统，2008，14（7）：1329－1336.

［78］陈民铀，张聪誉，罗辞勇．自适应进化多目标粒子群优化算法［J］．控制与决策，2009，24（12）：1851－1855，1864.

［79］吴斌，倪卫红，樊树海．开放式动态网络车辆路径问题的粒子群算法［J］．计算机集成制造系统，2009，15（9）：1788－1794.

［80］陈淮莉，魏云飞．考虑客户满意度的网络零售配送时隙定价策略［J］．计算机工程与应用，2016（19）：1－6＋106.

［81］陈义友，张锦，曾倩等．基于顾客选择的自提点选址双

层规划模型［J］. 管理学报，2016（12）：1842－1850.

［82］陈义友，张锦，罗建强. 顾客选择行为对自提点选址的影响研究［J］. 中国管理科学，2017，25（5）：135－144.

［83］陈玉光，陈志祥. 基于准时送货和最小耗油的配送车辆路径问题研究［J］. 中国管理科学，2015（S1）：156－164.

［84］赵泉午，赵军平，林娅. 基于O2O的大型零售企业城市配送网络优化研究［J］. 中国管理科学，2017，25（9）：159－167.

［85］葛显龙，徐玖平，王伟鑫. 交通限行条件下基于车辆协作的城市物流换乘联运问题研究［J］. 中国管理科学，2017，25（10）：130－139.

［86］Solomon M M. Algorithms for the Vehicle Routing and Scheduling Problems with Time Window Constraints［J］. Operations Research，1987，35（2）：254－265.

［87］邱晗光，周愉峰. 基于嵌套Logit选择模型的城市配送自提柜选址——路径问题［J］. 计算机应用，2018，38（2）：582－588.

［89］Agatz N，Fleischmann M，Van Nunen J E. Fulfillment and Multi-channel Distribution－a Review［J］. European Journal of Operational Research，2008，187（2）：339－356.

［90］Hernandez F，Gendreau M，Potvin J－Y. Heuristics for Tactical Time Slot Management：a Periodic Vehicle Routing Problem View［J］. International Transactions in Operational Research，2017，24（6）：1233－1252.

[91] Agatz N, Campbell A M, Fleischmann M. et al. Revenue Management Opportunities for Internet Retailers [J]. Journal of Revenue and Pricing Management, 2013, 12 (2): 128 - 138.

[92] 朱恒恒, 陈淮莉. 考虑客户满意度的配送时隙替代定价策略 [J]. 计算机应用与软件, 2018, 35 (10): 100 - 107.

[93] 徐朗, 陈淮莉. 运力柔性配置下的网络零售配送时隙动态定价 [J]. 上海海事大学学报, 2015 (4): 22 - 26, 47.

[94] 王灿, 王德, 朱玮等. 离散选择模型研究进展 [J]. 地理科学进展, 2015, 34 (10): 1275 - 1287.

[95] Train K E. Discrete Choice Methods with Simulation [M]. Cambridge: Cambridge University Press, 2009.

[96] 陈淮莉, 李蕊莹. 基于 Nested Logit 客户选择模型的时隙定价 [J]. 上海海事大学学报, 2017 (1): 47 - 51.

[97] Mathworks. Gamultiobj Algorithm [EB/OL]. https://ww2.mathworks.cn/help/gads/gamultiobj-algorithm.html, 2019.

[98] 邱晗光, 李海南, 宋寒. 需求依赖末端交付与时间窗的城市配送自提柜选址——路径问题 [J]. 计算机集成制造系统, 2018, 24 (10): 2612 - 2621.